Patient zēro

À L'ORIGINE DU CORONAVIRUS EN FRANCE

SCÉNARIO
RENAUD SAINT-CRICQ

D'APRÈS UNE ENQUÊTE DE
RAPHAËLLE BACQUÉ
ARIANE CHEMIN
ET RENAUD SAINT-CRICQ

DESSIN
NICOBY

COULEUR
PHILIPPE ORY

Glénat

www.glenat.com

Dépôt légal : février 2021
ISBN : 978-2-344-04535-0 / 001
Achevé d'imprimer en Espagne en janvier 2021 par Graficas Estella
sur papier provenant de forêts gérées de manière durable.

31 JANVIER 2020.
12H30.
L'AIRBUS A340 DE L'ARMÉE DE L'AIR SE POSE SUR LA BASE MILITAIRE D'ISTRES.
RÉPUBLIQUE FRANÇAISE
IL REVIENT DE WUHAN, EN CHINE, BERCEAU D'UN NOUVEAU VIRUS TRÈS CONTAGIEUX.

À SON BORD, 193 CIVILS, TRÈS MAJORITAIREMENT DES FRANÇAIS, QUI FUIENT L'ÉPIDÉMIE.
POUR LES ENCADRER, 18 MILITAIRES : 14 ENGAGÉS DE L'ESCADRON "ESTÉREL", HABITUÉS AUX MISSIONS SENSIBLES, TROIS MÉDECINS DU SERVICE DE SANTÉ DES ARMÉES ET UN MÉCANICIEN.
AGNÈS BUZYN, MINISTRE DES SOLIDARITÉS ET DE LA SANTÉ.
NOUS NOUS SOMMES ASSURÉS QUE LES CONDITIONS D'ACCUEIL À CARRY-LE-ROUET SERONT À LA HAUTEUR DE VOTRE SOULAGEMENT. BON RETOUR SUR LE SOL FRANÇAIS.
SIGNEZ ICI, S'IL VOUS PLAÎT.
République Française
RÉFET DES BOUCHES-DU-RHÔ
Décision de mise en quaranta

QUELQUES HEURES PLUS TARD.
L'ESCADRON "ESTÉREL" EST DE RETOUR À PARIS-CHARLES-DE-GAULLE.
EN CHINE, 46 NOUVEAUX MORTS...
INFO
...ET 1347 CAS SUPPLÉMENTAIRES POUR LA SEULE JOURNÉE D'AUJOURD'HUI...
SENLIS
CREIL
CRÉPY EN VALOIS

CREIL. BASE AÉRIENNE 110. MARDI 11 FÉVRIER.
KOF KOF
KOF
KOF
KOF
KOF
KOF
LACROIX-SAINT-OUEN

BOULANGER·PÂTISSIER
M. Jean-Pierre GOSSART
KOF
KOF
KOF
COUCOU, C'EST MOI.
T'AS PASSÉ UNE BONNE JOURNÉE ?
JE NE ME SENS PAS BIEN. J'ARRÊTE PAS DE TOUSSER.
KOF
KOF
ÇA FAIT QUATRE JOURS, QUAND MÊME. J'ESPÈRE QUE TES COLLÈGUES DE LA BASE NE T'ONT PAS REFILÉ LEUR TRUC.

CRÉPY-EN-VALOIS. CABINET MÉDICAL. 12 FÉVRIER.
MONSIEUR VAROTEAUX. QU'EST-CE QUI VOUS AMÈNE ?
ÇA FAIT DEUX JOURS QUE J'AI DES COURBATURES ET DE LA FIÈVRE.
bip
39,5°
ÇA RESSEMBLE À UNE BONNE GRIPPE.
KOF
LE COLLÈGE ET VOS ÉLÈVES FINIRONT LA SEMAINE SANS VOUS, HEIN.
JE VOUS ARRÊTE JUSQU'AUX VACANCES DE FÉVRIER, MONSIEUR VAROTEAUX.
12 février 2020
DE TRAVAIL
Dominique VAROTEAUX
60 ans
KOF

DOMICILE DES VAROTEAUX. 14 FÉVRIER.
MINO ? ÇA VA ?
TU TE SENS COMMENT ?
BOF.
PAS TERRIBLE ...
ET TOI, C'ÉTAIT COMMENT, TES COURS ?
17:38
BIEN, BIEN.
T'ES TOUJOURS BRÛLANT. ELLE EST VRAIMENT MAUVAISE, CETTE GRIPPE.
TU AURAIS PEUT-ÊTRE DÛ TE FAIRE VACCINER, FINALEMENT.

MINISTÈRE DES SOLIDARITÉS ET DE LA SANTÉ. SAMEDI 15 FÉVRIER.
BUREAU DE JÉRÔME SALOMON, DIRECTEUR GÉNÉRAL DE LA SANTÉ.
...C'EST LE PREMIER MORT DU CORONAVIRUS EN FRANCE ...
... UN TOURISTE CHINOIS DE LA RÉGION DU HUBEI...
AUJOURD'HUI, IL Y A 67 000 CAS CONFIRMÉS D'INFECTION AU CORONAVIRUS À TRAVERS LE MONDE. IL NOUS FAUT PRÉPARER NOTRE SYSTÈME DE SANTÉ À FAIRE FACE À...
BFM AGNÈS BUZYN. MINISTRE DE LA SANTÉ.
... UNE ÉVENTUELLE DIFFUSION PANDÉMIQUE DU VIRUS.
Tip
Tip
Tip
À MARTIN HIRSCH
La vague arrive. On va se prendre la vague.

CHARGÉ DE GÉRER L'ÉPIDÉMIE POUR LE MINISTÈRE, JÉRÔME SALOMON A RÉUNI QUELQUES INFECTIOLOGUES ET ÉPIDÉMIOLOGISTES. DES AMIS QUI, COMME LUI, ONT VÉCU LES ANNÉES SIDA, LA "VACHE FOLLE" OU LA GRIPPE H1N1. IL Y EN A TOUJOURS UN POUR DIRE : "J'AI DÉJÀ VU PIRE".
TOUS ONT EN MÉMOIRE L'ÉPISODE BACHELOT : EN 2009, LA MINISTRE DE LA SANTÉ S'ÉTAIT RETROUVÉE AVEC 94 MILLIONS DE DOSES DE VACCIN CONTRE LA GRIPPE H1N1.
VOUS EN PENSEZ QUOI, VOUS ?
S'IL EST ISOLÉ ET SOIGNÉ, UN CAS IMPORTÉ NE SUFFIT PAS ENCORE À DÉFINIR LE DÉCLENCHEMENT D'UNE ÉPIDÉMIE.
SIMON CAUCHEMEZ, ÉPIDÉMIOLOGISTE.
MOINS DE 8% DES FRANÇAIS S'ÉTAIENT FAIT VACCINER, ET BACHELOT AVAIT FINI AUDITIONNÉE PAR LA COUR DES COMPTES ET DES COMMISSIONS D'ENQUÊTES PARLEMENTAIRES.
ET À LA FIN, LES POLITIQUES ONT TOUJOURS TORT.
ARNAUD FONTANET, ÉPIDÉMIOLOGISTE.
MAINTENANT, C'EST LA DRÔLE DE GUERRE, OU "LE DÉSERT DES TARTARES". ON ATTEND LE PREMIER CAS FRANÇAIS CHEZ NOUS.

PALAIS DE L'ÉLYSÉE.
DONNEZ-MOI LA NOTE DE NOTRE AMBASSADEUR EN CHINE !
"DÈS LE DÉBUT JANVIER, 5 MILLIONS D'HABITANTS DE WUHAN ONT QUITTÉ LA VILLE POUR ALLER FÊTER LE NOUVEL AN DANS LEURS FAMILLES...
... PLUSIEURS CENTAINES DE MILLIERS D'ENTRE EUX SE SONT RENDUS EN EUROPE."
L'OCTOGÉNAIRE CHINOIS QUI VIENT DE MOURIR EN FRANCE ARRIVAIT JUSTEMENT DES ENVIRONS DE WUHAN.
WUHAN EST COUPÉE DU MONDE DEPUIS QUAND ?
LE 22 JANVIER.
PRESQUE UN MOIS... ET UN SEUL MORT CHEZ NOUS. AVEC UN PEU DE CHANCE, ON VA LIMITER LES DÉGÂTS.
TOC TOC
OUI ?

ON A UN GROS SOUCI AVEC GRIVEAUX. IL A ENVOYÉ UNE VIDÉO SEXUELLE À UNE FILLE, QUI L'A MISE SUR LES RÉSEAUX ET ÇA FAIT LE BUZZ !
BENJAMIN NE TIENDRA PAS LA CAMPAGNE POUR LA MAIRIE DE PARIS.
QUAND JE PENSE QU'AGNÈS BUZYN VOULAIT Y ALLER...
ELLE POURRAIT ÊTRE PARTANTE À NOUVEAU, JE PENSE.
ELLE DEMANDE JUSTE SI ELLE POURRAIT CUMULER LES DEUX, CANDIDATE ET MINISTRE.
HMM...
...DIFFICILE.

HHHHhh
DOMICILE DES GOSSART.
DIMANCHE 16 FÉVRIER, 7H30.
HHHH
HHHHH
J'AI...
... TELLEMENT ...
DE MAL ...
À
RESPIRER
...
L'AMBULANCE EST LÀ. ILS VONT S'OCCUPER DE TOI, NE T'INQUIÈTE PAS.
HH
QU'EST-CE QU'IL ... M'ARRIVE ?

C.H.I. DE COMPIEGNE, LUNDI 17 FÉVRIER.
BONJOUR, JE SUIS MADAME GOSSART. MON MARI A ÉTÉ HOSPITALISÉ CHEZ VOUS.
VOUS SAURIEZ OÙ ?
KOF
KOF
TOC
EUROPE 1. OLIVIER VÉRAN NOMMÉ MINISTRE DE LA SANTÉ, AGNÈS BUZYN CANDIDATE À PARIS.
BONJOUR, CHÉRI.
IL SOUFFRE D'UNE PNEUMOPATHIE SÉVÈRE. ON N'A PAS ENCORE TROUVÉ LA CAUSE. IL TRAVAILLE SUR LA BASE MILITAIRE DE CREIL. MAIS DITES-MOI : IL NE REVIENT NI D'ITALIE NI DE CHINE ?

MERCREDI 19 FÉVRIER.
SALUT, MA CHÉRIE. C'EST ANTOINE. JE VAIS VOIR PAPA À L'HÔPITAL. IL EST EN RÉANIMATION. JE TE RAPPELLE TOUT À L'HEURE.
FLIK
MAMAN... EST PAS LÀ ?
NON, ELLE A TRAVAILLÉ CETTE NUIT. ELLE VA VENIR PLUS TARD.
BEN... ELLE ME... VERRA SÛREMENT... PAS.
JE SUIS DÉSOLÉE. VOTRE PÈRE NE VA PAS BIEN DU TOUT. ON VA DEVOIR L'INTUBER.
MAMAN, VIENS VITE, S'IL TE PLAÎT. ILS VONT METTRE PAPA DANS LE COMA.

...CHINE = 98 MORTS SUPPLÉMENTAIRES...
Réanimati
MAIS QU'EST-CE QU'IL A, DOCTEUR ?
UN PROBLÈME PULMONAIRE GRAVE. ON NE SAIT PAS POURQUOI, MAIS IL A LES POUMONS ABÎMÉS.
ON N'A PLUS LE CHOIX, IL FAUT L'AIDER À RESPIRER. ET POUR ÇA, IL FAUT LE PLONGER DANS LE COMA.
JE VOUS LAISSE VOUS DIRE AU REVOIR.
AU REVOIR... JE VOUS AIME.
PAPA ...

DOMICILE DES VAROTEAUX. MERCREDI 19 FÉVRIER. 22 HEURES.
AMBULANCE
BONSOIR, JE SUIS LE MÉDECIN DU SAMU. ON VA S'OCCUPER DE TON GRAND-PÈRE.
IL A QUOI, PAPY MINO ?
C'EST MOI QUI AI APPELÉ LE 15. VOICI MA FILLE CÉLINE, ET SON MARI GUILLAUME.
MON MARI A BEAUCOUP DE MAL À RESPIRER. NOTRE MÉDECIN NOUS A DIT QU'IL FALLAIT L'HOSPITALISER EN URGENCE. IL NOUS A FAIT UNE LETTRE D'ADMISSION.
Perte de 8 kg sur une
semaine
Saturation à 73

UNE HEURE PLUS TARD.
pshh
IL MANQUE D'OXYGÈNE. ON L'EMMÈNE. ON VA CHERCHER UNE PLACE EN RÉANIMATION.
pshh
AU REVOIR, CHÉRI. ÇA VA ALLER. JE VIENDRAI TE VOIR DEMAIN.
WIN WINNN WIN WINNNN WIN
AMBULANCE
SAMU

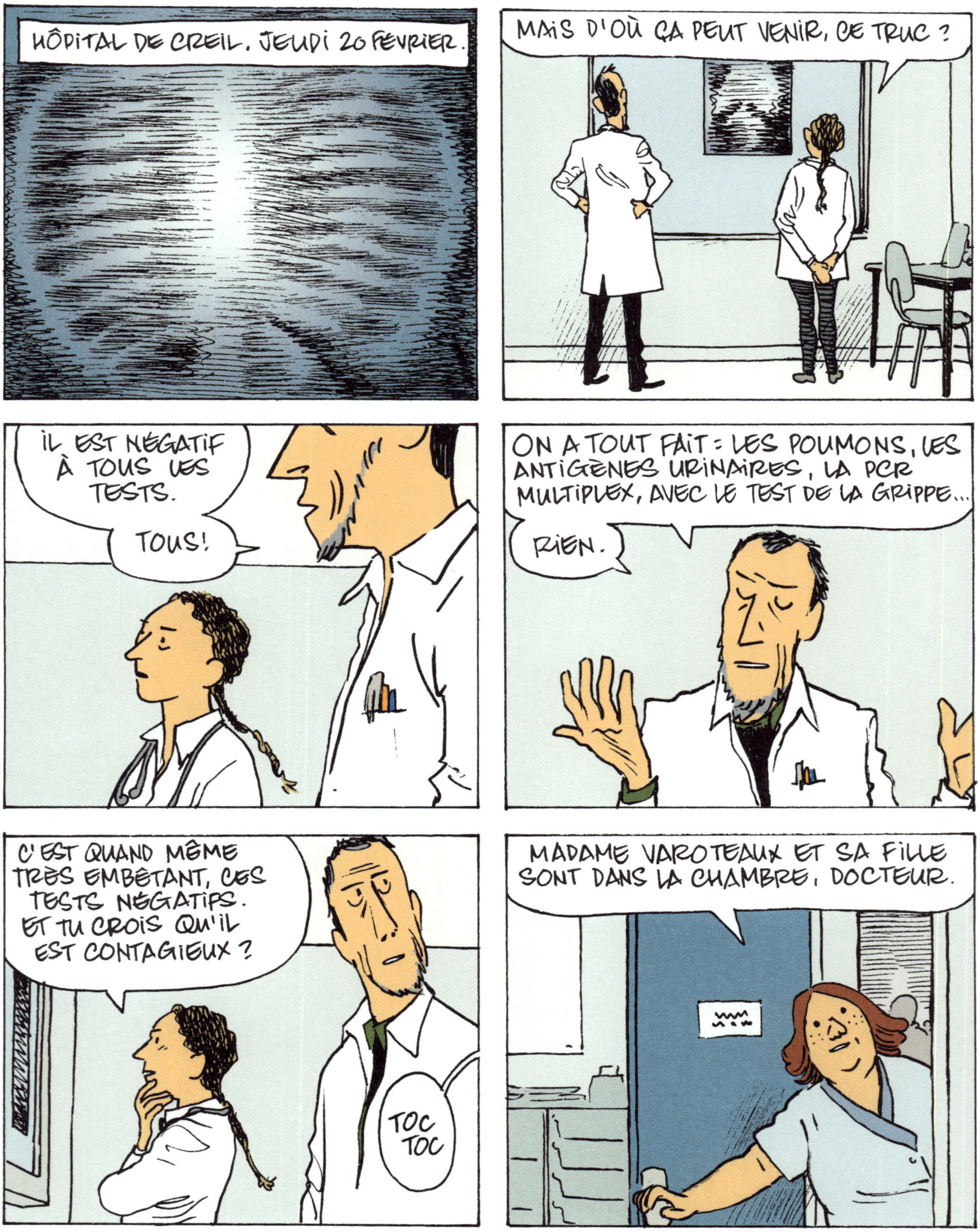
HÔPITAL DE CREIL. JEUDI 20 FEVRIER.
MAIS D'OÙ ÇA PEUT VENIR, CE TRUC ?
IL EST NÉGATIF À TOUS LES TESTS.
TOUS!
ON A TOUT FAIT : LES POUMONS, LES ANTIGÈNES URINAIRES, LA PCR MULTIPLEX, AVEC LE TEST DE LA GRIPPE...
RIEN.
C'EST QUAND MÊME TRÈS EMBÊTANT, CES TESTS NÉGATIFS. ET TU CROIS QU'IL EST CONTAGIEUX ?
TOC TOC
MADAME VAROTEAUX ET SA FILLE SONT DANS LA CHAMBRE, DOCTEUR.

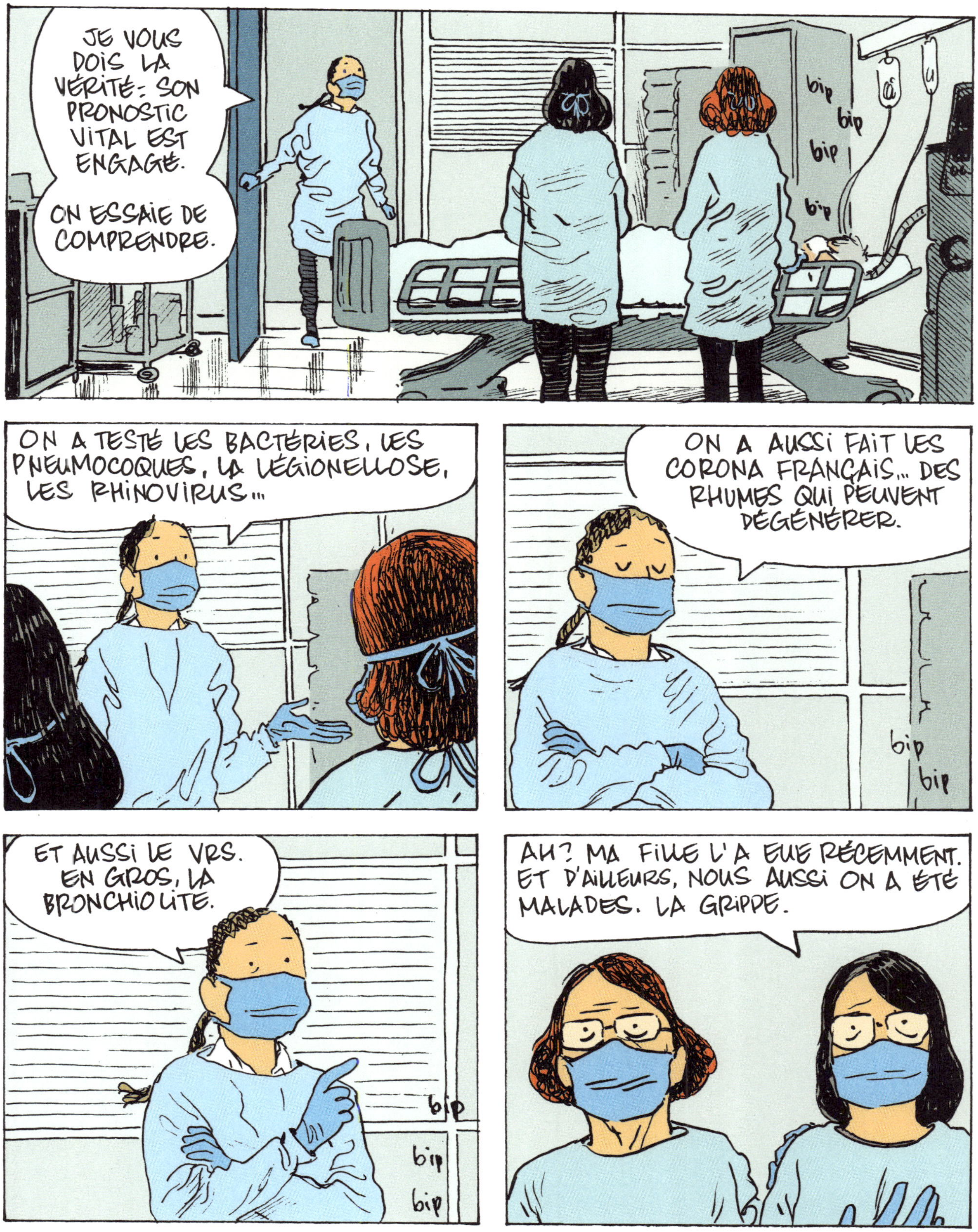
JE VOUS DOIS LA VÉRITÉ : SON PRONOSTIC VITAL EST ENGAGÉ.
ON ESSAIE DE COMPRENDRE.
bip
bip
bip
bip
ON A TESTÉ LES BACTÉRIES, LES PNEUMOCOQUES, LA LÉGIONELLOSE, LES RHINOVIRUS...
ON A AUSSI FAIT LES CORONA FRANÇAIS... DES RHUMES QUI PEUVENT DÉGÉNÉRER.
bip
bip
ET AUSSI LE VRS. EN GROS, LA BRONCHIOLITE.
bip
bip
bip
AH ? MA FILLE L'A EUE RÉCEMMENT. ET D'AILLEURS, NOUS AUSSI ON A ÉTÉ MALADES. LA GRIPPE.

SANTÉ PUBLIQUE FRANCE.
HORS DE CHINE, ON DÉNOMBRE À PRÉSENT 1152 CAS DE CORONAVIRUS...
... DONT 8 DÉCÈS, RÉPARTIS DANS 26 PAYS.
NOUS SOMMES PRÉOCCUPÉS PAR LE NOMBRE DE CES CAS SANS LIENS ÉPIDÉMIOLOGIQUES CLAIRS...
POINT PRESSE OMS.
ALEXANDRA...
... ILS SONT ARRIVÉS.
... TELS QUE LES ANTÉCÉDENTS DE VOYAGE OU LES CONTACTS AVEC UN CAS CONFIRMÉ.
OUI. LES ÉQUIPES ONT ÉTÉ RENFORCÉES. ON SE TIENT PRÊTS.
CENTRE OPÉRATIONNEL DE GESTION DE CRISE

ET VOICI ALEXANDRA MAILLES. ELLE EST ÉPIDEMIOLOGISTE ET VA S'OCCUPER DU CONTACT TRACING POUR LE CORONAVIRUS.
NOUS, ON TÉLÉPHONE AUX MALADES TESTÉS POSITIF.
LE BUT ? IDENTIFIER LES CONTACTS RAPPROCHÉS SUR LES QUINZE DERNIERS JOURS.
ON TRAVAILLE DANS LES DEUX SENS. D'UN CÔTÉ, ON VEUT LIMITER LA DIFFUSION DU VIRUS.
DE L'AUTRE, COMPRENDRE COMMENT LE VIRUS S'EST INTRODUIT DANS LES FOYERS ÉPIDÉMIQUES.
C'EST CE QU'ON A FAIT MI-FÉVRIER AUX CONTAMINES-MONTJOIE.
le dauphiné libéré
CORONAVIRUS
Cinq cas détectés en Haute-Savoie

HÔPITAL DE CREIL.
ON A REFAIT LES TESTS, MADAME VAROTEAUX. RIEN.
ET LES ANIMAUX ?
VOUS Y AVEZ RÉFLÉCHI ?
IL A NETTOYÉ LA CAVE. IL Y AVAIT DES SOURIS.
UN DE NOS VOISINS A EU UN VIRUS À CAUSE DE RONGEURS.
L'HANTAVIRUS...
Dr. RENAUD
OUI. ON PEUT FAIRE LE TEST.
ET VRAIMENT
...AUCUN CONTACT AVEC DES VOYAGEURS DE ROISSY DE RETOUR D'ASIE OU D'ITALIE ?
AH, UNE CHOSE, LE MARDI 11.
IL Y A EU UNE RÉUNION PARENTS-PROFS AU COLLÈGE.

BONJOUR, JE SUIS MONSIEUR VAROTEAUX, LE PROFESSEUR DE TECHNO.
KOF
TU VOIS LE TABLEAU ? IL Y AVAIT PEUT-ÊTRE DES PARENTS NAVIGANTS OU SALARIÉS SUR L'AÉROPORT DE ROISSY.
ILS ONT PU LE CONTAMINER. DU COUP, SA FEMME VA SE RENSEIGNER AUPRÈS DU COLLÈGE.
TU SAIS, EN ITALIE, IL Y A DES CAS DE COVID-19 COMME ÇA. INEXPLIQUÉS.
TU NE VEUX PAS DEMANDER UN TEST ?
OUI, C'EST POUR UN TEST COVID. POUR UN PATIENT QU'ON A EN RÉA...
...
LE LABO REFUSE DE FAIRE LE TEST. CE N'EST PAS LE PROTOCOLE.
CLIC

DOMICILE DES GOSSART. SAMEDI 22.
BRRR
BRR
Appel Hôpital de Compiegne
ALLÔ ?
COMMENT ? TOUT DE SUITE ?
ON ARRIVE.
LES ENFANTS, ILS TRANSFÈRENT PAPA DE COMPIÈGNE À AMIENS. C'EST GRAVE.
CHÉRIE, TU PEUX GARDER CAPUCINE ICI ?
MAMAN... COMMENT IL A PU ATTRAPER CE VIRUS, PAPA ?

ON NE SAIT PAS S'IL SUPPORTERA LE TRAJET JUSQU'À AMIENS. UN DEUXIÈME VÉHICULE VA PARTIR AVEC EUX, AVEC UNE RÉSERVE D'OXYGÈNE.
DOCTEUR ...
... MON MARI ...
... SUR LA BASE MILITAIRE, IL A CROISÉ DES GENS QUI ONT ÉTÉ EN CONTACT AVEC L'ÉQUIPAGE QUI A RAMENÉ LES FRANÇAIS DE WUHAN.
VOUS CROYEZ QU'ILS ONT PU LE CONTAMINER?
WiiiNWiiiiNWiiiN
WIIINWII

HÔPITAL DE COMPIÈGNE. LUNDI 24 FÉVRIER.
VOUS PENSEZ QUE MONSIEUR GOSSART POUVAIT AVOIR LE CORONAVIRUS ?
LA DIRECTRICE A RÉUNI PLUSIEURS CHEFS DE SERVICE.
OUI. ON A MÊME ESSAYÉ DE LE FAIRE TESTER.
MAIS NOTRE LABO DE RÉFÉRENCE A REFUSÉ. ILS S'EN TIENNENT AU STRICT PROTOCOLE.
IL FAUT REVENIR D'UNE ZONE À RISQUE OU AVOIR EU UN CONTACT AVEC QUELQU'UN QUI EN REVIENT.
PFF !
ÇA PEUT AFFECTER TOUT L'HÔPITAL ! ON NE SAIT MÊME PAS S'IL FAUT SE PROTÉGER !
ET QU'EST-CE QU'ON SAIT DE CE PATIENT ?
MAIS QUASI RIEN ! LA FAMILLE DIT QU'ELLE N'A PAS LE DROIT DE PARLER !

GOSSART TRAVAILLE SUR LA BASE MILITAIRE DE CREIL. IL EST SOUMIS AU "SECRET-DÉFENSE"!
ON NE SAIT PAS QUI IL A CROISÉ CES DERNIÈRES SEMAINES ?!
IL FAUT ABSOLUMENT QU'ON FASSE CE TEST !
ON A GARDÉ SES PRÉLÈVEMENTS PULMONAIRES. ON DEMANDE À L'INSTITUT PASTEUR ?
BONNE IDÉE, VAS-Y. EN PLUS, LE PROTOCOLE A CHANGÉ HIER.
ON DOIT POUVOIR TESTER LES PATIENTS EN DÉTRESSE RESPIRATOIRE.
C'EST O.K. ON SAURA DEMAIN SI C'EST LE CORONAVIRUS.
ET SI C'EST BIEN LE COVID-19...?
BON, ATTENDONS LE RETOUR DE PASTEUR.

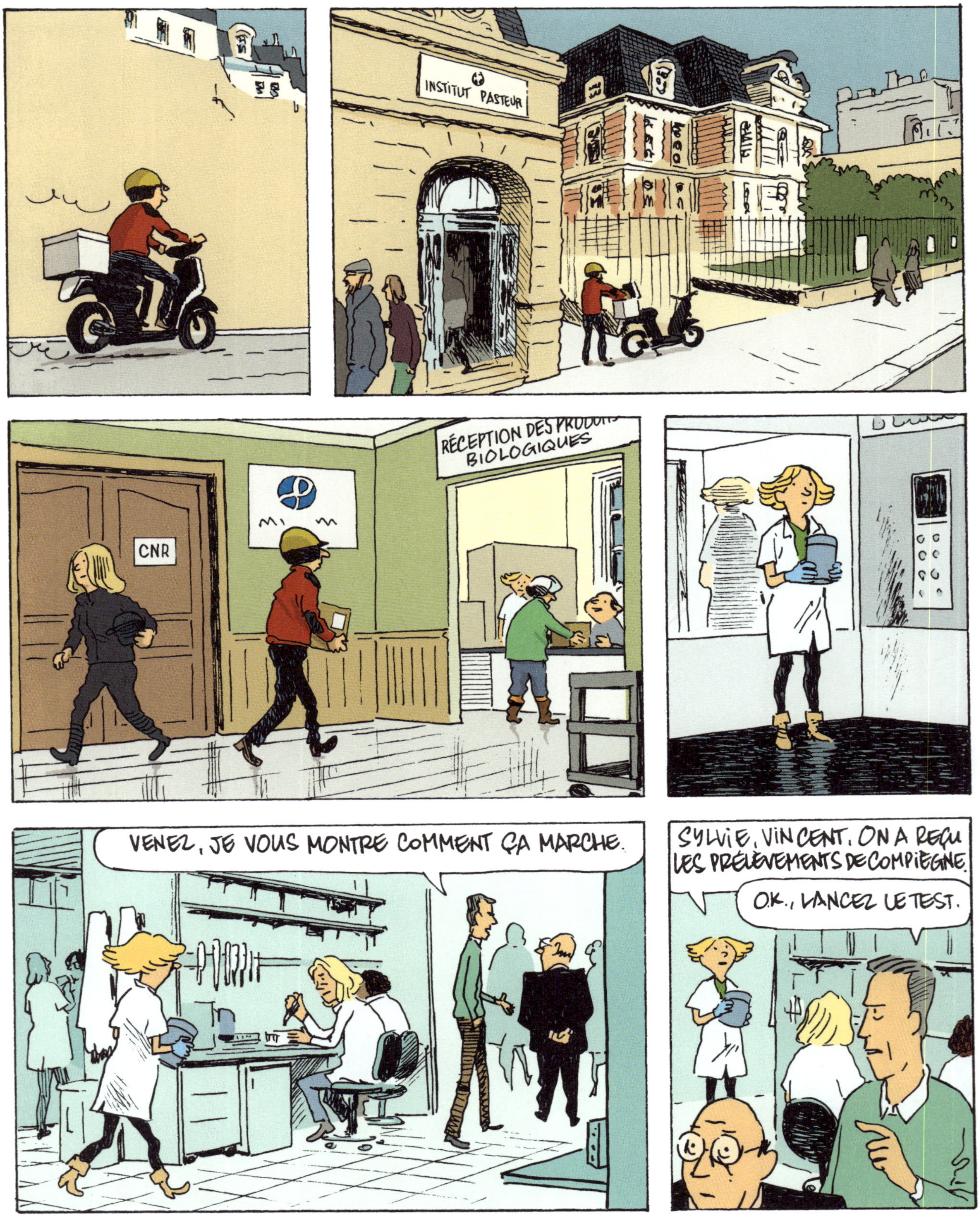
INSTITUT PASTEUR
RÉCEPTION DES PRODUITS BIOLOGIQUES
CNR
VENEZ, JE VOUS MONTRE COMMENT ÇA MARCHE.
SYLVIE, VINCENT, ON A REÇU LES PRÉLÈVEMENTS DE COMPIÈGNE.
O.K., LANCEZ LE TEST.

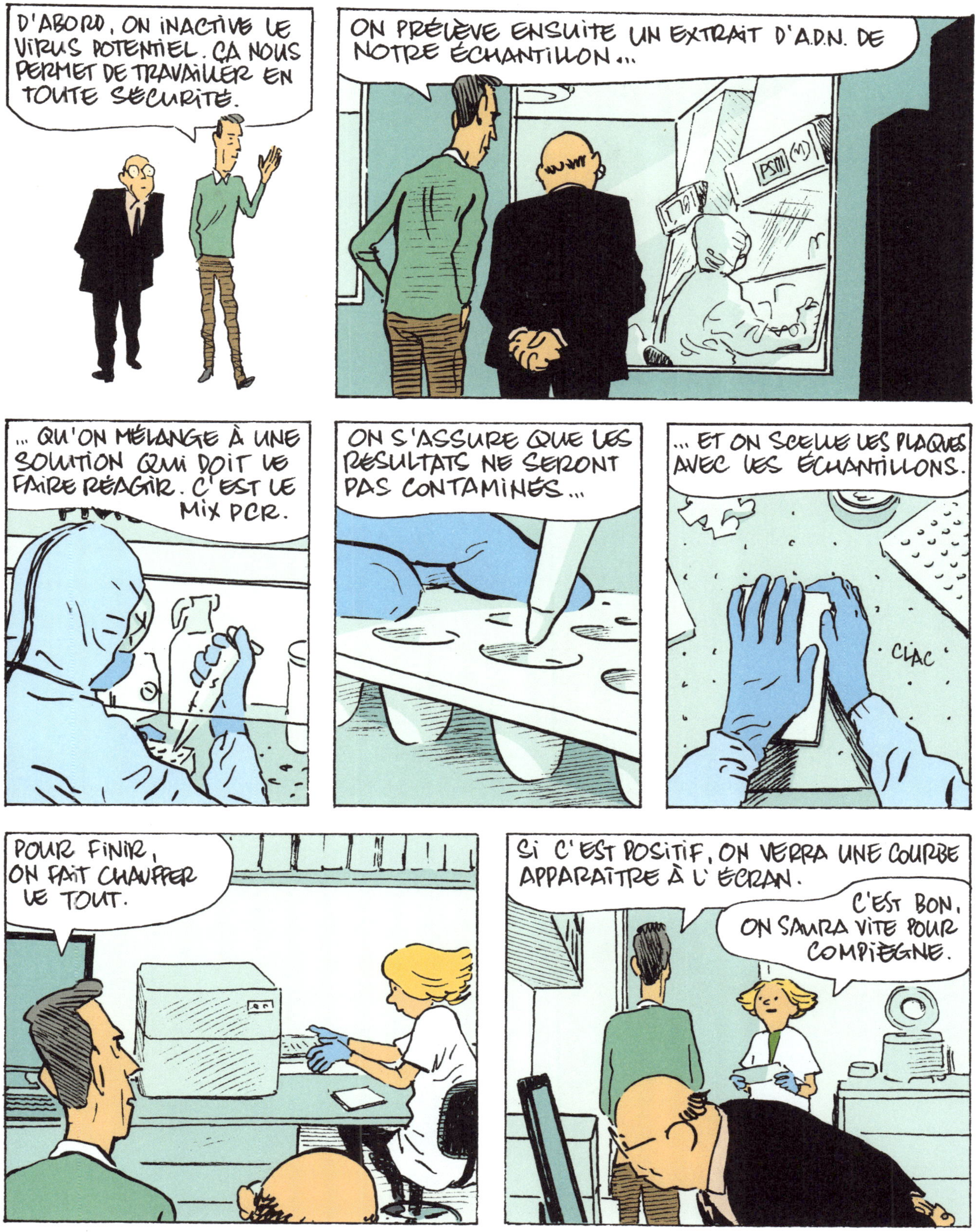
D'ABORD, ON INACTIVE LE VIRUS POTENTIEL. ÇA NOUS PERMET DE TRAVAILLER EN TOUTE SÉCURITÉ.
ON PRÉLÈVE ENSUITE UN EXTRAIT D'A.D.N. DE NOTRE ÉCHANTILLON...
PSM
... QU'ON MÉLANGE À UNE SOLUTION QUI DOIT LE FAIRE RÉAGIR. C'EST LE MIX PCR.
ON S'ASSURE QUE LES RÉSULTATS NE SERONT PAS CONTAMINÉS...
... ET ON SCELLE LES PLAQUES AVEC LES ÉCHANTILLONS.
CLAC
POUR FINIR, ON FAIT CHAUFFER LE TOUT.
SI C'EST POSITIF, ON VERRA UNE COURBE APPARAÎTRE À L'ÉCRAN.
C'EST BON. ON SAURA VITE POUR COMPIÈGNE.

MARDI 25 FÉVRIER, 9 HEURES DU MATIN.
ALLÔ ? CHRISTINE VAROTEAUX ? C'EST L'HÔPITAL DE CREIL.
VOTRE MARI A FAIT UNE EMBOLIE PULMONAIRE. ON LE TRANSFÈRE EN URGENCE À PARIS.
ARRIVÉE À LA PITIÉ-SALPÊTRIÈRE DANS 15 MINUTES.

SAMU
PATIENT SEXAGÉNAIRE PLACÉ EN COMA ARTIFICIEL. LE COEUR S'EST ARRÊTÉ PLUSIEURS MINUTES.
ON LUI FAIT TOUT DE SUITE UN TEST COVID.

LA PITIÉ.
MAIS ILS FONT QUOI ? ÇA FAIT PLUS DE DEUX HEURES.
CARDIOLOGIE
TU CROIS QU'ILS NOUS ONT OUBLIÉES ?
PFF ! C'EST L'USINE, ICI !
MADAME VAROTEAUX ?
ON NE SAIT PAS S'IL VA S'EN SORTIR. MAIS S'IL SE RÉVEILLE, CE SERA TRÈS COMPLIQUÉ.
ON A FAIT UN TEST POUR LE COVID-19. C'EST LE PROTOCOLE.
VOUS POUVEZ ALLER LE VOIR.
JE VOUS PRÉVIENS ...
... ÇA SERA SANS DOUTE DIFFICILE.

ÇA VA, MA CHÉRIE ?
?
CARDIOLOGIE
MAMAN, TU SAIS, TOUT À L'HEURE... C'EST COMME S'IL N'ÉTAIT PLUS LÀ.

SANTÉ PUBLIQUE FRANCE. 21 HEURES.
OH, MINCE !!
ON A UN PATIENT POSITIF ! ÉTAT GRAVE. À LA PITIÉ.
UN PROF DE TECHNO DE CRÉPY-EN-VALOIS, DANS L'OISE. IL AVAIT ÉTÉ HOSPITALISÉ À CREIL. PAS DE VOYAGE NI DE CONTACT CONNU AVEC DES MALADES.
AÏE ! CE SERAIT UN CAS AUTOCHTONE ?
ALEXANDRA.
ON A UN DEUXIÈME PATIENT POSITIF. ET LUI AUSSI IL VIENT DE L'OISE.

OUI, ON ORGANISE UNE CONFÉRENCE TÉLÉPHONIQUE ...
... EN URGENCE !
JE CHERCHE LES PORTABLES DES DIRECTEURS DES HÔPITAUX DE CREIL ET DE COMPIÈGNE.
OUI, DEUX CAS POSITIFS DANS LE MÊME DÉPARTEMENT !
IL NOUS FAUT DES RENFORTS POUR L'ENQUÊTE ÉPIDÉMIOLOGIQUE.

BONSOIR, ICI JÉRÔME SALOMON, DIRECTEUR GÉNÉRAL DE LA SANTÉ.
ÉTIENNE CHAMPION, DE L'ARS DES HAUTS-DE-FRANCE.
ICI LE CPIAS.
HÔPITAL DE CREIL.
ICI LA CIRE.
HÔPITAL DE COMPIÈGNE.
MERCI D'ÊTRE LÀ.
IL FAUT NOUS ORGANISER ET NOUS RÉPARTIR LES TÂCHES.
L'URGENCE, C'EST DE TRACER LES CONTACTS DE CES DEUX PATIENTS POUR VOIR S'IL Y A D'AUTRES MALADES.
IL FAUT AUSSI TROUVER QUI LES A INFECTÉS.
POUR LE PROFESSEUR, IL Y A LE COLLÈGE ET SON HOSPITALISATION. IL A PU CONTAMINER BEAUCOUP DE MONDE À SON INSU.
QUI VA À L'HÔPITAL DE COMPIÈGNE AIDER À LISTER LES SOIGNANTS CONCERNÉS PAR CES PATIENTS ?
ET QUI APPELLE LES DEUX ÉPOUSES ?

ON PEUT S'OCCUPER DE MADAME VAROTEAUX. ARS HAUTS-DE-FRANCE, VOUS PRENEZ EN CHARGE MADAME GOSSART ?
O.K., ON LA CONTACTE DÈS QUE L'HÔPITAL L'AURA PRÉVENUE POUR SON MARI.
JE CROIS QU'ON A FAIT LE TOUR. MERCI À TOUS.
J'APPELLERAI MADAME VAROTEAUX DEMAIN MATIN.
VU CE QU'ELLE TRAVERSE, ON PEUT LUI LAISSER LA NUIT.
L'ITALIE DÉNOMBRE 10 MORTS ET 322 CAS.
LCI
22:17
LE MATCH LYON-JUVENTUS DEVRAIT BIEN AVOIR LIEU. ON ATTEND 3000 SUPPORTERS ITALIENS.
LCI
22:17
Olivier Véran-Ministre de la Santé
FAUT-IL ARRÊTER LA FASHION WEEK, LES MATCHS ? LA RÉPONSE EST NON !

MADAME GOSSART ? C'EST L'HÔPITAL D'AMIENS. VOTRE ÉPOUX A LE CORONAVIRUS.
RESTEZ DISPONIBLE, UN ÉPIDÉMIOLOGISTE VA VOUS APPELER.
MAIS ...
HH
HH
HH
JOSS, TU PEUX TRAVERSER LA RUE ? JE FAIS UNE CRISE D'ANGOISSE.
LE CORONAVIRUS ? MAIS COMMENT C'EST POSSIBLE ?
BR BRR
ALLÔ ?
JE SUIS DE L'ARS J'AI DES QUESTIONS À VOUS POSER SUR VOTRE MARI.

VOTRE MARI A VU QUI CES QUINZE DERNIERS JOURS ?
À L'HÔPITAL, DÉJÀ, SA SOEUR, SON FRÈRE, MON BEAU-FRÈRE, LES NEVEUX, LES NIÈCES, DES COPAINS À MON FILS.
VOTRE MARI JOUE AU BADMINTON ?
OUI, ON Y JOUE TOUS LES DEUX.
VOUS ÊTES COMBIEN AU CLUB ?
PLUS DE 25 !
VOUS CONNAISSEZ TOUS LES NOMS ?
VOUS PLAISANTEZ ?!
VOTRE MARI FAIT DE LA PLONGÉE ?
IL Y A DES ÉCHANGES D'EMBOUTS ?
COMBIEN D'INSCRITS AU CLUB ?
VOUS AVEZ LES PORTABLES ?
ILS SONT 150... JE...

DOMICILE DES VAROTEAUX.
PAPA ? LE CORONAVIRUS ?! MAIS... COMMENT C'EST POSSIBLE ?
TU CROIS QUE L'HÔPITAL DE LA PITIÉ PEUT SE TROMPER ?
C'EST FOU, QUAND MÊME !
BR
23:32
APPEL
BRR
BRR
BR RR BRR
OUI, C'EST BIEN MOI...
ON A FAIT CE QU'ON A PU.
JE SUIS DÉSOLÉ ...

26 FÉVRIER.
DÉJÀ DEBOUT, MAMAN ?
ON DOIT M'APPELER POUR LE TRAÇAGE, SI J'AI BIEN COMPRIS.
BRR BRR
ALLÔ ?
VOUS ÊTES BIEN L'ÉPOUSE DE DOMINIQUE VAROTEAUX ? CELUI QUI EST MORT DU CORONAVIRUS À PARIS ?
MAIS... MAIS QUI VOUS A DIT ? QUI A DONNÉ MON PORTABLE ?!
?
C'ÉTAIT LE "PARISIEN", LE JOURNAL. COMMENT ONT-ILS SU ?
BRR
BRRR
C'EST ALEXANDRA MAILLES, DE SANTÉ PUBLIQUE FRANCE. VOUS AURIEZ UN PEU DE TEMPS ?
DÉSOLÉE POUR LES CIRCONSTANCES. MES QUESTIONS POURRONT PARAÎTRE TRÈS INTRUSIVES.

VOUS AVEZ VOTRE AGENDA ?
OUI.
VOUS POUVEZ REGARDER LES 15 DERNIERS JOURS ? IL ÉTAIT MALADE DEPUIS QUAND ?
LE 12 FÉVRIER.
VOUS AVEZ VU QUI DEPUIS SON ARRÊT ?
QUASI PERSONNE. NOTRE AMI FRANCK GILLET EST PASSÉ.
VOUS FAITES DU TIR À L'ARC ENSEMBLE ?
VOUS ÊTES PRÈS DES GENS ? DERRIÈRE ? À CÔTÉ ?
IL Y A DES VESTIAIRES ?
VOUS AVEZ LES NOMS DES ARCHERS DE VOTRE COMPAGNIE ?
ET VOUS ? VOUS ÊTES ACTUELLEMENT MALADE ?
NON.
VOUS L'AVEZ ÉTÉ ? AVEC DE LA FIÈVRE ?
OUI, J'AI ÉTÉ ARRÊTÉE.
LYCÉE JEAN MONNET
AH BON ?! C'ÉTAIT QUAND ?
LE 3 FÉVRIER.
ET VOUS AVEZ TRAVAILLÉ MALADE AU LYCÉE ?
OUI, AUSSI.
AÏE !

O.K. IL VA FALLOIR VOUS FAIRE TESTER RAPIDEMENT. ON PEUT ORGANISER ÇA À LA PITIÉ.
EUH... D'ACCORD.
ELLE PENSE QUE J'AI PU ÊTRE CONTAMINÉE.
AH BON ? ET DU COUP, NOUS AUSSI ? ON A TOUS ÉTÉ MALADES.
BRR
ALLÔ ?
QUI ENCORE ? MAIS NON, JE N'AI RIEN À DIRE À LA PRESSE !
MAIS QU'EST-CE QUI SE PASSE ? POURQUOI LES JOURNALISTES APPELLENT COMME ÇA ?!
J'IRAI AVEC TOI. JE TE LAISSE PAS ALLER À LA PITIÉ TOUTE SEULE.
GUILLAUME, TU POURRAS T'OCCUPER DES ENFANTS ?
BRR

HÔPITAL DE COMPIEGNE.
UN DE NOS ANCIENS PATIENTS, MONSIEUR GOSSART, A ÉTÉ TESTÉ POSITIF HIER.
ON A FAIT UN PREMIER TRAÇAGE DE SES CONTACTS ICI, POUR ÉVALUER LES RISQUES DE CONTAMINATION.
CHEZ NOUS, IL Y A 17 PROFESSIONNELS EN RISQUE MODÉRÉ-ÉLEVÉ, 45 PATIENTS EN RISQUE NÉGLIGEABLE, ET UN PATIENT EN RISQUE ÉLEVÉ : SON EX-COMPAGNON DE CHAMBRE.
IL FAUT SE PROTÉGER ?
C'EST QUOI, LE PROTOCOLE ?
ON A DES MASQUES EN RÉSERVE ?
ON VA CONTINUER LE TRAÇAGE CE MATIN. ET ON NE DIT RIEN À LA PRESSE.
FAITES DE VOTRE MIEUX. ON AURA DES NOUVELLES DE L'ARS RAPIDEMENT.

TOMES
UI COULE
DE TÊTE
ET ÇA FAIT COMBIEN DE TEMPS ?
... VOUS AVEZ LE NEZ QUI COULE ?
C'EST VOUS QUI L'AVEZ INTUBÉ ?
VOUS AVEZ JUSTE CROISÉ SON BRANCARD, VOUS DITES ?
QUELLE GALÈRE À ORGANISER !
ON N'EST PAS ÉPIDÉMIOLOGISTES, NOUS !
QUOI ?! ENCORE L'ARS ?!
ON PEUT AIDER ?
ÇA FAIT 10 FOIS QUE L'ARS APPELLE ! 10 PERSONNES DIFFÉRENTES POUR NOUS DEMANDER 10 FOIS LA MÊME CHOSE !
CLAC
... PROFESSEUR DE TECHNO HOSPITALISÉ À CREIL ET DÉCÉDÉ À LA PITIÉ.
UN DEUXIÈME CAS...
DANS L'OISE, OUI. ET CE N'EST QUE LE DÉBUT.

MAIRIE DE VAUMOISE.
VAUMOISE
... PREMIER MORT FRANÇAIS DU CORONAVIRUS, DOMINIQUE VAROTEAUX, PROFESSEUR À CRÉPY...
... ET CONSEILLER MUNICIPAL À VAUMOISE.
FRANCK GILLET BONJOUR... NON ! N'INSISTEZ PAS, JE NE VOUS RÉPONDRAI PAS !
C'EST DU DÉLIRE ! LES JOURNALISTES N'ARRÊTENT PAS DE M'APPELER !
CONDOLÉANCES, FRANCK. À LA MAIRIE, ON PERD UN AMI, MAIS TOI, C'ÉTAIT COMME TON PÈRE.
MONSIEUR LE MAIRE...
CHERS ÉLUS, NOTRE AMI DOMINIQUE EST DÉCÉDÉ APRÈS AVOIR ATTRAPÉ LE CORONAVIRUS ET...
MAIS ARRÊTEZ !!!

VOUS NE FILMEZ PAS SANS L'AUTORISATION DU MAIRE !
VOUS CONNAISSIEZ DOMINIQUE VAROTEAUX ?
RING
SORTEZ, S'IL VOUS PLAÎT ! ON NE VOUS PARLERA PAS !
EH !
MAIS QU'EST-CE QUI SE PASSE ? POURQUOI ILS SONT AUSSI NOMBREUX ?
C'EST QUOI, CE VIRUS ? IL EST SI DANGEREUX ?
AU BOULOT, CE MATIN, ILS N'ONT PAS VOULU QUE JE RESTE !
RING
RING RING
NON ! PAS D'INTERVIEW !
BON. ON FAIT QUOI, MAINTENANT ?
RING

PENDANT CE TEMPS-LÀ, EN FRANCE.
CHRISTIAN JACOB. PRÉSIDENT DU PARTI LES RÉPUBLICAINS.
HIER, ON A VU LES MINISTRES DE L'AGRICULTURE, DE L'ÉDUCATION ET DU TRAVAIL.
Y A LES MUNICIPALES, BIENTÔT... FAUT SERRER LES MAINS.
CORONAVIRUS : UN PREMIER MORT FRANÇAIS DANS L'OISE...
TU CROIS QU'ILS POURRAIENT FERMER LE SALON ?
HEY, MA CHÉRIE ! T'AS FAIT LA FASHION WEEK DE MILAN, LA SEMAINE DERNIÈRE ?
MAIS OUI ! SO AMAZING !
MONSIEUR FILLON, UN COMMENTAIRE SUR VOTRE PROCÈS ?
ON EST LES LYONNAIS !
LA JUVENTUS DÉTRITUS !
LYON
CARNAVAL DE NICE
ILS PARLENT D'ANNULER LA DERNIÈRE JOURNÉE DU CARNAVAL.
QUELLE MISÈRE...
OUI. ILS ONT PEUR DE VOIR ARRIVER DES ITALIENS MALADES.

BONJOUR, JE SUIS MICHÈLE RUBIROLA, JE ME PRÉSENTE À LA MAIRIE DE MARSEILLE.
À BORDEAUX, IL FAUT EN FINIR AVEC UN MAIRE BÉTONNEUR.
ON VOUS PROMET DE TRANSFORMER STRASBOURG EN PROFONDEUR.
JE SUIS LE PREMIER MINISTRE, MAIS CE QUE JE VEUX ICI, C'EST EXPLIQUER COMMENT JE VOIS L'AVENIR DU HAVRE.
CHANGEONS CRÉPY AVEC PINILO !
ET N'OUBLIEZ PAS DE VOTER FORTIER !

SANTÉ PUBLIQUE FRANCE.
BON. SI ON RÉCAPITULE
...À CRÉPY, ON A LE CAS 17, MONSIEUR VAROTEAUX. IL EST PROF AU COLLÈGE LA FONTAINE. SA FEMME ENSEIGNE AU LYCÉE JEAN MONNET.
COLLÈGE
CAS 17 12/02
LYCÉE
ELLE A ÉTÉ MALADE ET ARRÊTÉE LE 3 FÉVRIER.
COLLÈGE
CAS 17 12/02
MINCE ! ÇA FAIT DÉJÀ LOIN, ÇA !
3/02
OUI. ON NE SAIT PAS SI C'EST LE CORONAVIRUS. MAIS ÇA POURRAIT.
?PATIENT 0?
3/02
LYCÉE
ELLE SE FAIT TESTER TOUT À L'HEURE, ON VERRA SI ELLE A DES ANTICORPS.
ET ON A LE CAS 15, JEAN-PIERRE GOSSART. IL EST CIVIL SUR LA BASE DE CREIL. L'ARS A DÉJÀ RECENSÉ DES MALADES DANS SA FAMILLE.

ÇA VEUT DIRE QU'IL FAUT INVESTIGUER À LA FOIS LE COLLÈGE, LE LYCÉE ET LA BASE ?!
MAIS C'EST ÉNORME !
OUI. ÇA VA ÊTRE COMPLIQUÉ...
NOUS, ON DOIT ALLER AU COLLÈGE, LISTER LES CLASSES QUI ONT EU UN CONTACT AVEC MONSIEUR VAROTEAUX ET APPELER TOUS LES ÉLÈVES ET LES PROFS CONCERNÉS.
BASE CREIL
CAS 15
?
CLIC
MÊME CHOSE AU LYCÉE. ON CHERCHE LES MALADES ... ET UN ÉVENTUEL PATIENT ZÉRO !
COMMENT ON FAIT POUR LA BASE DE CREIL ? ELLE EST CLASSÉE SECRET-DÉFENSE.
ON PASSE PAR LE SERVICE DE SANTÉ DES ARMÉES. JE LES CONNAIS, JE M'EN OCCUPE.
ALLEZ, C'EST PARTI !
ÇA VA ÊTRE COTON POUR RETROUVER L'ORIGINE DE LA CONTAMINATION.
T'AS RAISON ! ON COURT APRÈS UN TRAIN PARTI IL Y A 3 SEMAINES.

DOMICILE DES GOSSART.
ON FAIT QUOI, MAINTENANT ?
ON VA VOUS TESTER À L'HÔPITAL D'AMIENS. UNE AMBULANCE EST EN ROUTE.
ET APRÈS, ILS NOUS CONFINENT TOUS, COMME ILS DISENT. VOUS DEUX, MES GAMINS ET MOI.
IL Y AVAIT VRAIMENT BESOIN DU GYROPHARE ?!
WiiiiWiiiiWiiiiW
HÔPITAL

ON DIRAIT "LES EXPERTS" !
PAR ICI, MADAME GOSSART.
CLAP
S'IL VOUS PLAÎT !
JE FAIS DES CRISES D'ANGOISSE ...
HH
HH
JE NE VEUX PAS RESTER SEULE !
ET POUR LES TESTS ?
ON N'A PAS ENCORE LE MATÉRIEL. ON FERA ÇA DEMAIN.

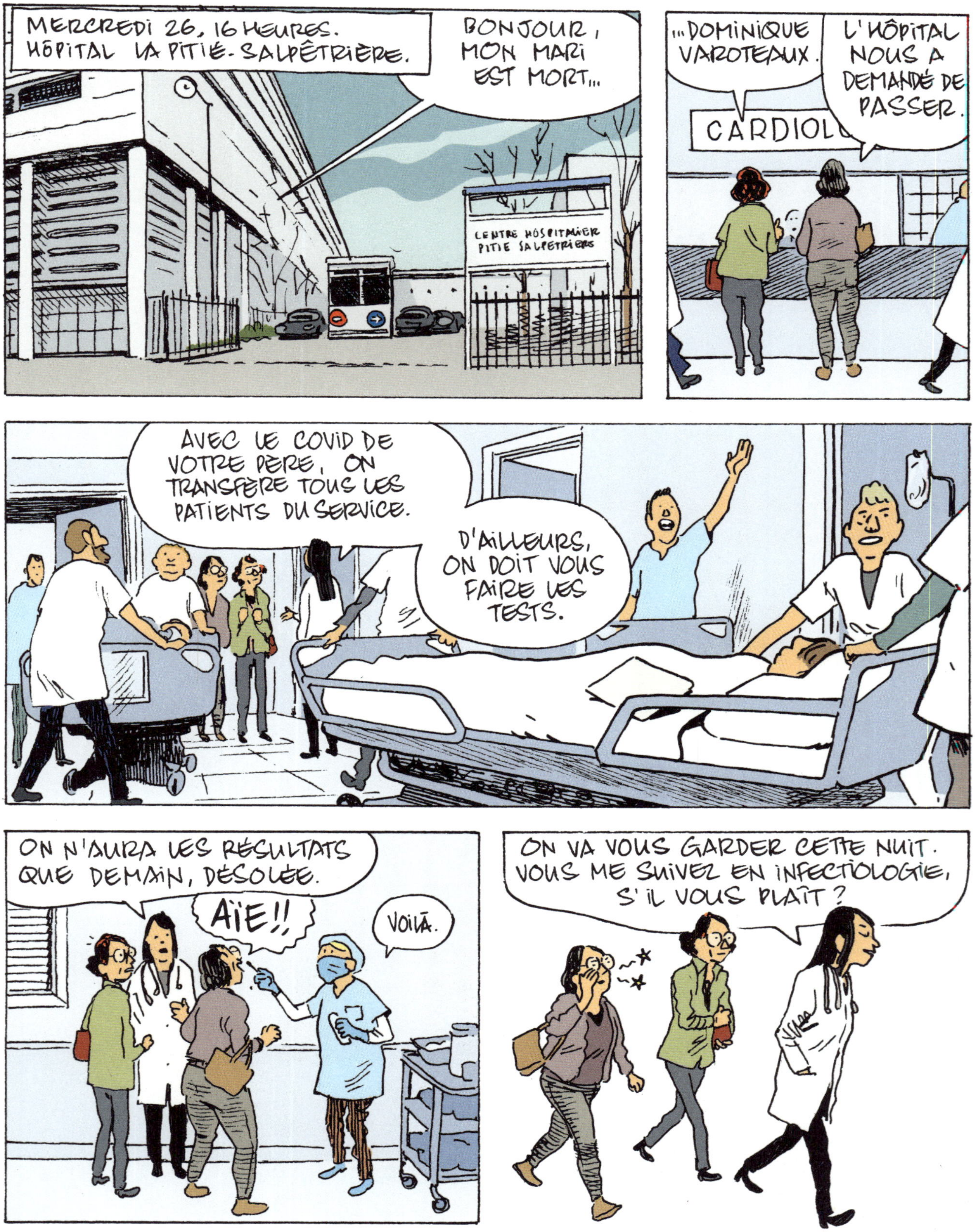
MERCREDI 26, 16 HEURES.
HÔPITAL LA PITIÉ-SALPÊTRIÈRE.
BONJOUR, MON MARI EST MORT...
CENTRE HOSPITALIER PITIE SALPETRIERE
...DOMINIQUE VAROTEAUX.
L'HÔPITAL NOUS A DEMANDÉ DE PASSER.
CARDIOL
AVEC LE COVID DE VOTRE PÈRE, ON TRANSFÈRE TOUS LES PATIENTS DU SERVICE.
D'AILLEURS, ON DOIT VOUS FAIRE LES TESTS.
ON N'AURA LES RÉSULTATS QUE DEMAIN, DÉSOLÉE.
AÏE!!
VOILÀ.
ON VA VOUS GARDER CETTE NUIT. VOUS ME SUIVEZ EN INFECTIOLOGIE, S'IL VOUS PLAÎT ?

MAIS ON N'A PRIS AUCUNE AFFAIRE !
ET COMMENT JE FAIS, MOI, AVEC LES ENFANTS À LA MAISON ?!
ON NE VEUT PAS ÊTRE SÉPARÉES.
LA SITUATION EST DÉJÀ ASSEZ DIFFICILE COMME ÇA...
IL NOUS ARRIVE QUOI, LÀ ?
BRR BRRR
C'EST GUILLAUME...
C'EST DE LA FOLIE, ICI ! LES JOURNALISTES PLANQUENT DEVANT CHEZ TA MÈRE. ET VOUS, ÇA VA ?
ON RÉALISE PAS.
C'EST COMME SI ON ÉTAIT PRISONNIÈRES, TU NE TROUVES PAS ?

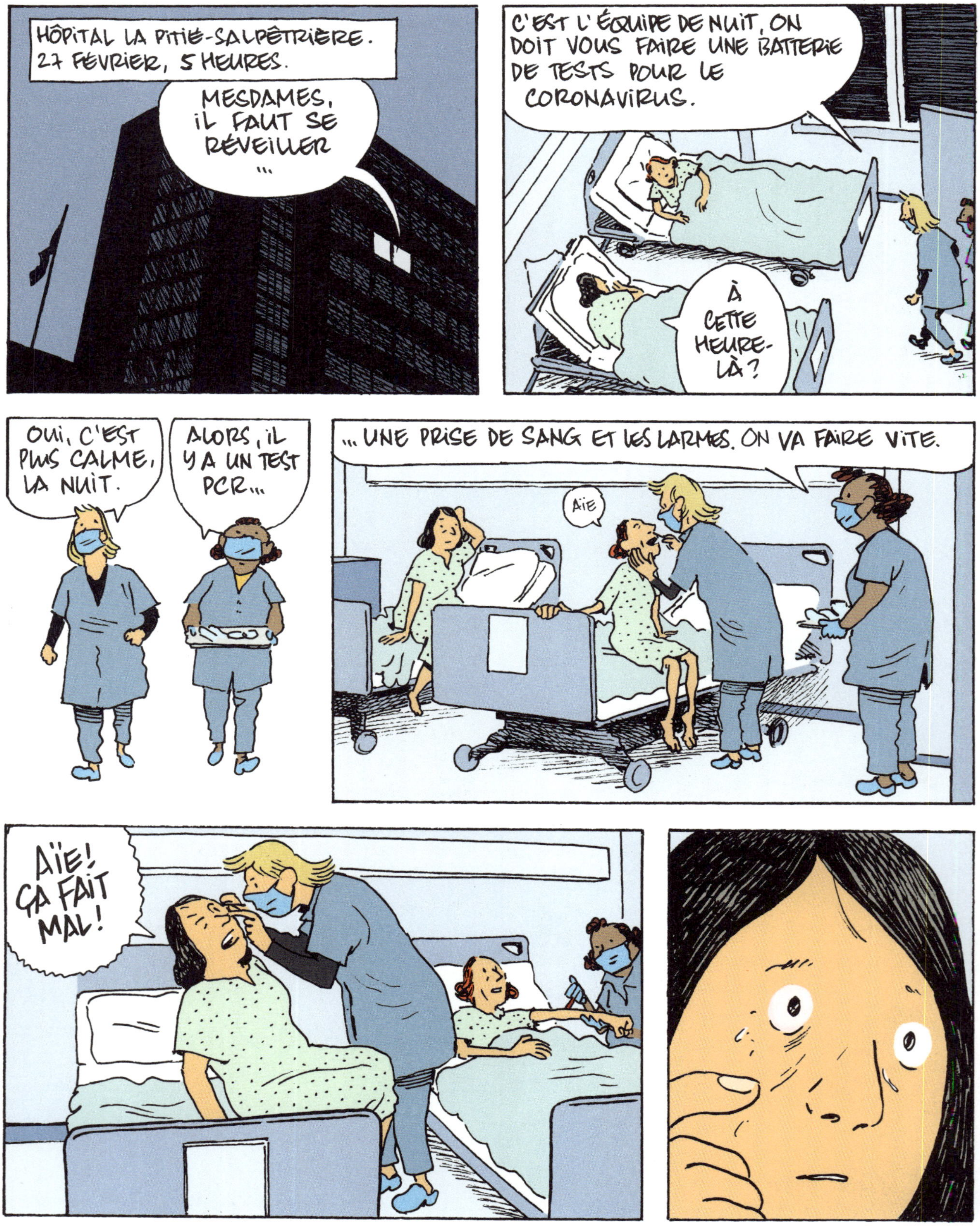
HÔPITAL LA PITIÉ-SALPÊTRIÈRE. 27 FÉVRIER, 5 HEURES.
MESDAMES, IL FAUT SE RÉVEILLER ...
C'EST L'ÉQUIPE DE NUIT, ON DOIT VOUS FAIRE UNE BATTERIE DE TESTS POUR LE CORONAVIRUS.
À CETTE HEURE-LÀ ?
OUI, C'EST PLUS CALME, LA NUIT.
ALORS, IL Y A UN TEST PCR...
... UNE PRISE DE SANG ET LES LARMES. ON VA FAIRE VITE.
AÏE
AÏE ! ÇA FAIT MAL !

PALAIS DE L'ÉLYSÉE. 9 HEURES.
ON VOIT QUI À LA PITIÉ-SALPÊTRIÈRE?
LE SERVICE QUI S'EST OCCUPÉ DU PROF DE TECHNO DE CRÉPY, MONSIEUR VAROTEAUX.
ET IL Y A UNE RENCONTRE AVEC LE PERSONNEL HOSPITALIER APRÈS.
IL FAUT LEUR MONTRER QU'ON LES SOUTIENT. LES PROCHAINES SEMAINES SERONT DIFFICILES.
VOS MAINS, MONSIEUR LE PRÉSIDENT.
OH, NON. LE GEL... JE SUIS VRAIMENT OBLIGÉ?
C'EST LE NOUVEAU PROTOCOLE SANITAIRE.
DÉSOLÉ. ET SI VOUS POUVIEZ ÉVITER DE SERRER TROP DE MAINS, S'IL VOUS PLAÎT...
PLT

BIENVENUE, MONSIEUR LE PRÉSIDENT.
ÉOLE
C'EST DONC VOTRE SERVICE QUI A REÇU MONSIEUR VAROTEAUX HIER MATIN ?
ET IL NOUS FAUT DES MOYENS, MONSIEUR LE PRÉSIDENT. ON EN A BESOIN...
PAR ICI ...
AH... JE VAIS SALUER LES PERSONNES QUE JE N'AI PAS ENCORE VUES.
VOUS AVEZ EU UN CAS HIER MATIN. JE SAIS QUE ÇA A BEAUCOUP TOUCHÉ LES ÉQUIPES.
ON A DEVANT NOUS UNE CRISE. UNE ÉPIDÉMIE QUI ARRIVE... ON VA DEVOIR L'AFFRONTER AU MIEUX.

BFM TV.
QUI EST LE PATIENT ZÉRO ?
Emmanuel Macron est arrivé
Pitié-Salpêtrière.
EH OH ! ON PEUT VOIR UN MÉDECIN OU C'EST IMPOSSIBLE ?
C'EST À CAUSE DE LA VISITE DU PRÉSIDENT. ILS VONT VENIR. MAIS ILS SONT EN RÉUNION.
J'AI PERDU MON MARI. ON N'A PAS LE MORAL ET ON EST ÉPUISÉES. ON VEUT RENTRER CHEZ NOUS, S'IL VOUS PLAÎT.
QUAND IL A FALLU SAUVER NOTRE-DAME, IL Y AVAIT BEAUCOUP DE MONDE. LÀ, IL FAUT SAUVER L'HÔPITAL PUBLIC, QUI EST EN TRAIN DE FLAMBER À LA MÊME VITESSE.
JE COMPTE SUR VOUS.
AH OUI, VOUS POUVEZ COMPTER SUR MOI. L'INVERSE RESTE À PROUVER !

CRÉPY-EN-VALOIS. 12 HEURES.
UNE RÉACTION POUR FRANCE 2 ?
NON, DÉSOLÉ, ON N'A PLUS DE MASQUES.
VACIE PRINCIPALE
J'AI PEUR, MOI. SANS MASQUES, ON NE SORTIRA PLUS.
BEN OUI, COMMENT ON SE PROTÈGE ?
C'EST QU'ON SAIT PAS COMMENT C'EST VENU, HEIN ! ICI, À CRÉPY ?!
ET SANS AVOIR VOYAGÉ ?!
Courrier picard
UN PICARD DÉCÈDE DU CORONAVIRUS
ON SE POSE TOUS LA MÊME QUESTION : QUI C'EST QUI LUI A FILÉ LE VIRUS ?
LES JOURNALISTES... S'ILS ONT DES QUESTIONS, VOUS ME LES ENVOYEZ.
LE PRÉFET ARRIVE, MONSIEUR LE MAIRE.

ÉTIENNE CHAMPION, DE L'ARS HAUTS-DE-FRANCE. MERCI DE NOUS ACCUEILLIR, MONSIEUR FORTIER.
UNE ÉQUIPE VA DONC VENIR DÉSINFECTER LE COLLÈGE OÙ TRAVAILLAIT MONSIEUR VAROTEAUX.
ON NOUS A PARLÉ D'UN CONSEIL COMMUNAUTAIRE DU PAYS DE VALOIS. IL AURAIT PU Y PARTICIPER, EN TANT QU'ÉLU DE VAUMOISE. VOUS ÊTES LE VICE-PRÉSIDENT, NON ?
OUI. IL Y EN A EU UN LE 13 FÉVRIER. ON ÉTAIT TRÈS NOMBREUX, UNE CENTAINE.
C'ÉTAIT LE DERNIER CONSEIL DU MANDAT. IL Y A EU UN GRAND BUFFET À LA FIN.
ET LES ÉLECTIONS, ÇA VA BIEN SE PASSER, CHEZ TOI ?
SALUT, VALÉRIE ! TU VAS BIEN ?

ON ATTEND DONC LA LISTE DE TOUS LES ÉLUS DU CONSEIL COMMUNAUTAIRE, MONSIEUR LE MAIRE. MERCI À VOUS TOUS.
BRR BRR
BONJOUR, ICI L'ARS. VOUS CONNAISSEZ VALÉRIE MÉRON? UNE ÉLUE DE ROUVILLE, COLLÈGUE DE LYCÉE DE MADAME VAROTEAUX...
OUI, C'EST UNE AMIE.
ELLE EST HOSPITALISÉE À TOURCOING. ELLE A ÉTÉ TESTÉE POSITIVE AU CORONAVIRUS.
AH?
VOUS L'AVEZ CROISÉE LE 13 FÉVRIER ?
OUI, ON A TRINQUÉ ENSEMBLE, JE VIENS D'EN PAR... KOF
KOF
KOF
KOF
KOF
KOF
?
VOUS TOUSSEZ DEPUIS LONGTEMPS ? IL VA FALLOIR VOUS FAIRE TESTER !
KOF

KOF KOF
KOF
MAIS QUI A CONTAMINÉ LES DEUX MALADES DU CORONAVIRUS DANS L'OISE ?
LES DEUX HOMMES POURRAIENT ÊTRE PASSÉS PAR LE MÊME HÔPITAL.
UNE COURSE CONTRE LA MONTRE S'ENGAGE À LA RECHERCHE DU PATIENT ZÉRO, CELUI QUI A TRANSMIS LE VIRUS. FAUT-IL SUIVRE LA PISTE DE CET AVION ?
LE 31 JANVIER, IL A RAPATRIÉ DES FRANÇAIS DE WUHAN.
RÉPUBLIQUE FRANÇAISE
RTAGE : A. JOLLY, A-C. POIGNARD, G. MARQUE, Y. KADOUC
C'EST LA BASE DE CREIL QUI ORGANISAIT LE RAPATRIEMENT, ET C'EST LÀ OÙ TRAVAILLE LE PATIENT HOSPITALISÉ À AMIENS.
AU TOTAL, ON A TROIS CAS SUR LA BASE EN PLUS DES NOUVEAUX CAS DANS L'OISE.
AH... ÇA DOIT ÊTRE LES MILITAIRES.

ALLÔ ?
BONSOIR, C'EST LE CENTRE D'ÉPIDÉMIOLOGIE DES ARMÉES.
ON A COMMENCÉ À TRACER LES CONTACTS PROFESSIONNELS DE JEAN-PIERRE GOSSART. IL Y A DES CAS POSITIFS.
ON ESSAIE DE REMONTER LA CONTAMINATION.
VOUS VOULEZ QU'ON S'EN OCCUPE ?
DÉSOLÉ, MAIS ON NE PEUT PAS VOUS LAISSER RENTRER SUR LA BASE. ON A FAIT MONTER TROIS ÉPIDÉMIOLOGISTES À NOUS DE MARSEILLE.
ON A AUSSI INSTALLÉ UN POSTE DE PRÉLÈVEMENT. ILS ONT COMMENCÉ À TRAVAILLER. ON A UNE DIZAINE DE CAS SUSPECTS À VÉRIFIER.

ET POUR LE VOL DE WUHAN ?
IMPOSSIBLE QU'IL SOIT À L'ORIGINE DE LA CONTAMINATION. LE PROTOCOLE SANITAIRE ÉTAIT TRÈS STRICT ET TOUT LE MONDE S'Y EST PLIÉ.
OUI, J'EN SUIS PERSUADÉE. JE CONNAIS LA PERSONNE QUI ÉTAIT CHARGÉE DE LE FAIRE RESPECTER.
PATIENT 0 ?
ON FAIT UN POINT DEMAIN.
O.K. ESPÉRONS QU'ON TROUVE DES RÉPONSES.
PATIENT 0 ?
ALORS, LES MILITAIRES VONT S'OCCUPER DES CAS POSITIFS ET DE LEURS CAS CONTACTS PROFESSIONNELS SUR LA BASE. NOUS, ON FAIT LES CAS NON MILITAIRES LIÉS À LA BASE.
MAIS ON EST SACRÉMENT EN RETARD SUR LE VIRUS.
KOF
KOF
KOF
KOF
KOF
KOF
KOF

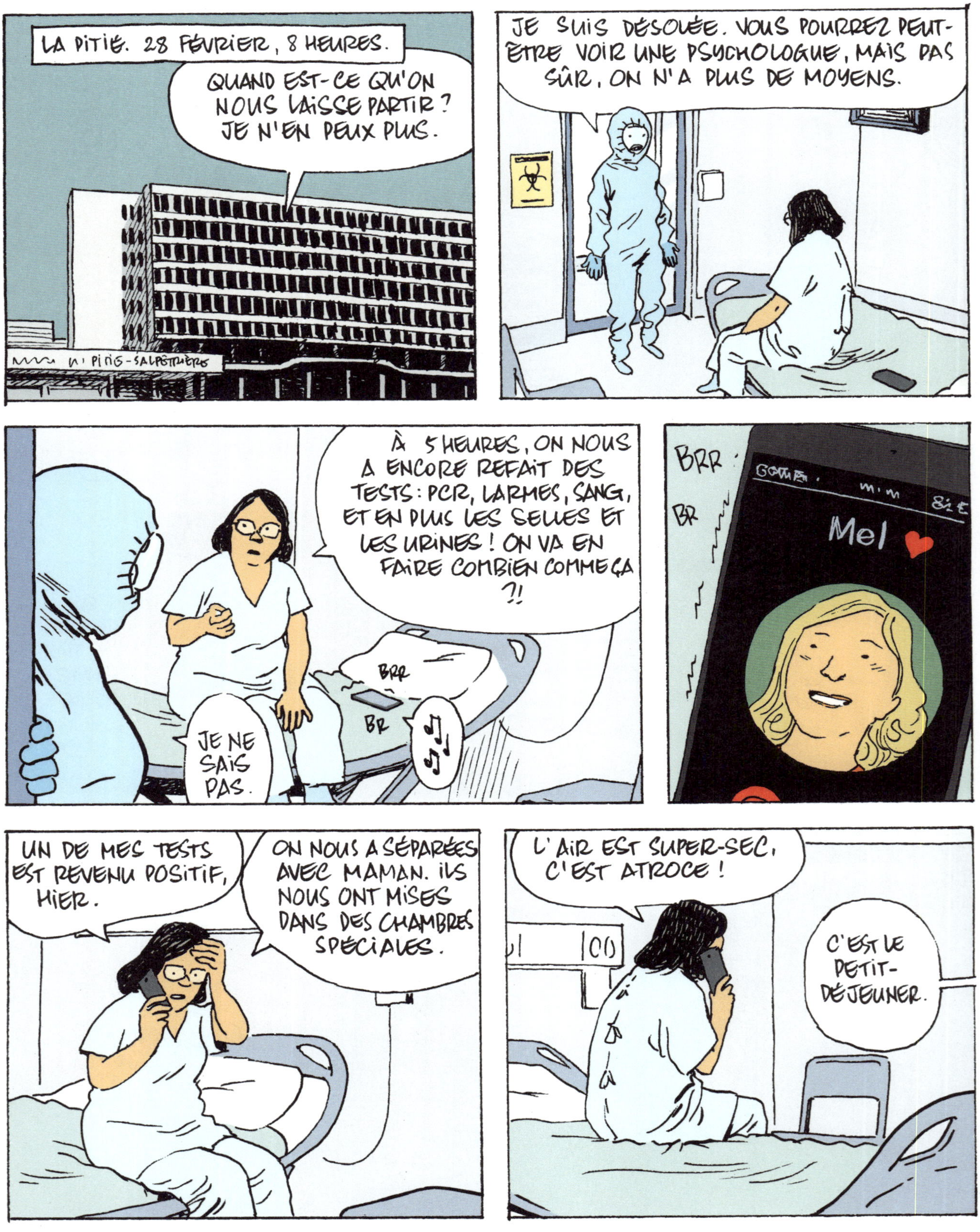
LA PITIÉ. 28 FÉVRIER, 8 HEURES.
QUAND EST-CE QU'ON NOUS LAISSE PARTIR ? JE N'EN PEUX PLUS.
JE SUIS DÉSOLÉE. VOUS POURREZ PEUT-ÊTRE VOIR UNE PSYCHOLOGUE, MAIS PAS SÛR, ON N'A PLUS DE MOYENS.
À 5 HEURES, ON NOUS A ENCORE REFAIT DES TESTS : PCR, LARMES, SANG, ET EN PLUS LES SELLES ET LES URINES ! ON VA EN FAIRE COMBIEN COMME ÇA ?!
JE NE SAIS PAS.
BRR
BR
BRR
BR
Mel
UN DE MES TESTS EST REVENU POSITIF, HIER.
ON NOUS A SÉPARÉES AVEC MAMAN. ILS NOUS ONT MISES DANS DES CHAMBRES SPÉCIALES.
L'AIR EST SUPER-SEC, C'EST ATROCE !
C'EST LE PETIT-DÉJEUNER.

JE NE RENTRE PAS, HEIN ! JE VOUS LAISSE LE PLATEAU SUR LA POUBELLE, DEVANT LA CHAMBRE.
LA FAÇON DONT ON LES TRAITE, C'EST PAS HUMAIN.
T'AS RAISON, JE FAIS PAS CE MÉTIER POUR ÇA !
MON TÉLÉPHONE EST À PLAT, JE N'AI PAS DE CHARGEUR. VOUS POUVEZ ALLER ME CHERCHER CELUI DE MA MÈRE ?
EUH...
JE VOUS PASSE LE CÂBLE ?
EUH... JE N'AI PAS TROP ENVIE DE LE TOUCHER, MOI.
J'AI ROULÉ LE CHARGEUR DANS UN GANT. MAIS DONNEZ-LE-LUI, S'IL VOUS PLAÎT.
D'ACCORD.
Maman
Merci maman. C'est un enfer ici

COMPIÈGNE.
C'EST UN ENFER, ICI !! HEUREUSEMENT QUE TOUT LE MONDE EST MOBILISÉ.
LCI
franceinfo:
POUR GOSSART, ON A PLUS DE 110 PERSONNES EXPOSÉES. ON EN A TESTÉES 60 HIER...
Le Monde
Coronavirus : l'inquiétude grandit dans l'Oise, plusieurs cas dans la base militaire de Creil
... ET ON RECOMMENCE AUJOURD'HUI.
VOUS CROYEZ QU'IL FAUT INTERDIRE LES VISITES À L'HÔPITAL ?
NON. ÇA DOIT ÊTRE UNE DÉCISION NATIONALE.
ON ATTEND LES DIRECTIVES DE L'ARS.
L'ARS ? PFFF... ILS SONT EN DÉTRESSE...

...ON N'A AUCUNE RÉPONSE À NOS QUESTIONS. PAS DE SON, PAS D'IMAGE.
ON ARRÊTE NOS SOIGNANTS 14 JOURS? ... IMPOSSIBLE DE FAIRE TOURNER L'HÔPITAL! ... ON PEUT DESCENDRE À 7 JOURS?
IL FAUT MASQUER TOUT LE MONDE?
C'EST QUOI, UN CONTACT, POUR UN PATIENT COVID?
APPORTER DE L'EAU EN CHAMBRE, C'EST UN CONTACT?
ON A MIS DU PERSONNEL EN QUARANTAINE, IL N'Y A PLUS QUE 5 LITS EN RÉANIMATION.
COMMENT ON VA FAIRE POUR CONTINUER?
ET À QUI ON VA ENVOYER TOUS NOS TESTS?
SALL DE TESTS
PARCE QU'ON VA EN AVOIR BEAUCOUP TROP...
ATTENTION, C'EST ASSEZ DÉSAGRÉABLE.
AÏE!
TENEZ, SI ÇA VOUS FAIT PLEURER.
MERCI.

HÔPITAL D'AMIENS.
ALLÔ, MADAME GOSSART? VOTRE MARI A FAIT UNE EMBOLIE PULMONAIRE. ON LUI MET EN PLACE UNE ECMO.
ILS DISENT QU'IL EST TRÈS FAIBLE.
IL VA S'EN SORTIR, COURAGE.
MAIS COMMENT JEAN-PIERRE A PU L'ATTRAPER, CE VIRUS?
LCI
CHINE : 2788 MORTS
SUR LA BASE, IL AVAIT PLEIN DE COLLÈGUES MALADES. ÇA VIENT DE LÀ, J'EN SUIS SÛRE!
TU CROIS QUE NOUS AUSSI, ON POURRAIT ÊTRE POSITIFS?
BR BR
BR BRR
Antoine

QU'EST-CE QUI SE PASSE, CHÉRI ?
MAMAN... ON L'A... LE CORONAVIRUS... ON EST POSITIFS.
ON VIENT JUSTE DE L'APPRENDRE...
TU TE RENDS COMPTE ? JE RISQUE DE PERDRE MON MARI, ET MAINTENANT MES GOSSES.
MAIS NON, TU VAS VOIR. ILS SONT JEUNES, IL NE VA RIEN LEUR ARRIVER.
TOC TOC
JE NE PEUX MÊME PAS LES AIDER.
J'AI UNE BONNE NOUVELLE POUR VOUS TROIS.
VOUS ÊTES NÉGATIFS, VOUS POUVEZ RENTRER CHEZ VOUS.

VAUMOISE
MONSIEUR LE MINISTRE.
BONJOUR, MONSIEUR VÉRAN. JÉRÔME BASCHER, SÉNATEUR DE L'OISE.
OUI, SANTÉ PUBLIQUE FRANCE NOUS A TOUS APPELÉS.
ILS ONT CONFINÉ FRANCK GILLET. IL ÉTAIT ALLÉ CHEZ LES VAROTEAUX.
LUNDI, C'EST LA FIN DES VACANCES SCOLAIRES. FAUT-IL ROUVRIR L'ÉCOLE ?
J'AI ESSAYÉ D'ACHETER DU GEL HYDROALCOOLIQUE, DES MASQUES, DES THERMOMÈTRES. IMPOSSIBLE ! IL NE RESTE RIEN !
C'EST UNE VRAIE QUESTION, MONSIEUR LE MAIRE.
MES SERVICES VONT VOUS RÉPONDRE.

MONSIEUR LE MINISTRE, LE CONSEIL MUNICIPAL DE VAUMOISE EST EN DEUIL. VOUS SOUS-ESTIMEZ L'IMPACT DE CE DÉCÈS ET L'INQUIÉTUDE ICI.
MAIS NON, JE M'EN RENDS COMPTE !!
IL FAUT Y ALLER. ON EST ATTENDUS À CRÉPY POUR LE POINT-PRESSE.
DÉJÀ ? BEN, JE NE M'ATTENDAIS PAS À ÇA.
ON A TOUJOURS 57 CAS ?
CONFÉRENCE DE PRESSE
28 Février 2020 Crépy-en-Valois
NOUS AVONS CE SOIR 57 CAS EN FRANCE, SANS AUCUN NOUVEAU DÉCÈS. IL Y A 18 CAS ICI DANS L'OISE, SOIT 6 DE PLUS QU'HIER.

UNE NOUVELLE ÉTAPE DE L'ÉPIDÉMIE EST FRANCHIE, ET NOUS PASSONS AU STADE 2.
TU CROIS QU'IL VIENT DE LA BASE. TOI, LE PATIENT ZÉRO DE L'OISE ?
AUCUNE IDÉE.
CE VOL QUI REVIENT DE WUHAN... SI LES MILITAIRES ONT ÉTÉ CONTAMINÉS, ILS ONT PU RAMENER CE VIRUS À CREIL.
LE VIRUS CIRCULE SUR LE TERRITOIRE ET NOUS DEVONS FREINER SA DIFFUSION.
C'EST QUOI, SON BOULOT SUR LA BASE, À GOSSART ?
DE LA LOGISTIQUE, ON M'A DIT.
PORTER UN MASQUE NE VOUS PROTÈGE PAS !
IL CONTRÔLE LA QUALITÉ DU TRAVAIL DES PRESTATAIRES DE LA BASE : LA RESTAURATION, LE MÉNAGE, LES ESPACES VERTS...
OUI, C'EST CRÉDIBLE. UN DES MILITAIRES DU VOL A PU CROISER GOSSART SUR LA BASE ET LUI REFILER LE VIRUS.
MON GUILLAUME, C'ÉTAIT UN CAUCHEMAR, CES DEUX JOURS À LA PITIÉ-SALPÊTRIÈRE !

VAUMOISE.
JE SUIS CONTENTE D'ÊTRE RENTRÉE, MAIS POUR CÉLINE...
ILS VONT LA LAISSER SORTIR QUAND, À TON AVIS ?
DEMAIN ? ILS VÉRIFIENT DES TESTS. ON NE COMPREND RIEN !
LES MIENS SONT NÉGATIFS, A PRIORI. MAIS J'AI DÛ MENACER D'APPELER LA PRESSE POUR QU'ILS ME LAISSENT PARTIR.
ÇA VA, CHÉRIE ? PAS TROP DUR ?
JE ME SENS SEULE... LES ENFANTS ME MANQUENT !
TIENS BON, HEIN.
le Parisien
Coronavirus : le patient zéro de l'Oise est-il un militaire de la base de Creil ?

PRÉFECTURE DE L'OISE. SAMEDI 29 FÉVRIER.
JE SUIS SÛR QUE LA BASE DE CREIL NOUS CACHE DES CHOSES.
LEUR AIRBUS N'A PAS ÉTÉ DÉSINFECTÉ, ET ILS ONT RAMENÉ LE VIRUS DE CHINE !
BON, JE VOUS QUITTE, J'AI UNE RÉUNION AVEC LE PRÉFET.
ET TOUT ÇA, C'EST OFF, HEIN !
MESDAMES ET MESSIEURS LES PARLEMENTAIRES, JE VOUS REMERCIE D'ÊTRE LÀ. NOTRE DÉPARTEMENT EST TOUCHÉ PAR UNE ÉPIDÉMIE DE COVID. IL FAUT AGIR.
JE VOULAIS VOUS CONSULTER. QU'EST-CE QU'ON ASSUME DE FERMER ?
J'ENVISAGE LA FERMETURE DES ÉGLISES DÈS DEMAIN. L'ÉVÊQUE EST D'ACCORD.

ET À VOTRE AVIS, ON AUTORISE COMBIEN DE PERSONNES POUR LES RASSEMBLEMENTS?
20 ?
50?
RIEN ?
OUI, QUE FAIT-ON ? J'AI UN REPAS DES ANCIENS, CES PROCHAINS JOURS.
POUR MOI, C'EST ZÉRO. AU MOINS, SI ON DIT ZÉRO, LE CHIFFRE EST CLAIR.
BON. MERCI D'ÊTRE VENUS. ON STOPPE DONC LES RASSEMBLEMENTS PENDANT 14 JOURS. ET ON COMMENCE DEMAIN.
ARRÊTÉ
Article 1 : les rassemblements collectifs sont interdits.
JE DIS AUX FRANÇAISES ET AUX FRANÇAIS QUE NOUS AVONS UN PLAN.
TAP TAP TAP
LES MÉDECINS GÉNÉRALISTES N'ONT PAS REÇU DE MASQUES, ET ILS SONT EN PREMIÈRE LIGNE FACE À DES PATIENTS CONTAMINÉS.
LE 20H TF1
EST-CE QU'ON EST PRÊTS, MONSIEUR LE PREMIER MINISTRE, À ACCUEILLIR UN GRAND NOMBRE DE MALADES DANS LES HÔPITAUX ALORS QU'IL Y A DÉJÀ 240 SOIGNANTS EN QUARANTAINE DANS L'OISE?

SI VOUS, DEMAIN DANS LA RUE, OU MOI, NOUS PROMENONS AVEC UN MASQUE...
... ÇA NE SERT À RIEN.
CRIC CLIC
MAMAN !!
HEUREUSEMENT QU'ILS ONT FINI PAR TE LAISSER SORTIR. QUEL CAUCHEMAR !
MES CHÉRIS, VOUS M'AVEZ TROP MANQUÉ !
C'EST FOU, CETTE HISTOIRE ! MAIS BON, CET APRÈS-MIDI...
...JE NE LEUR AI PAS LAISSÉ LE CHOIX.
IL EST 15 HEURES ET JE N'AI TOUJOURS PAS DÉJEUNÉ !
APPELEZ UN DOCTEUR, JE SORS !

ET AU FINAL, IL Y A UN MÉDECIN SANS MASQUE QUI EST VENU ME DIRE QUE J'ÉTAIS NÉGATIVE, QUE JE POUVAIS PARTIR...
PSHii
... MAIS QUE GUILLAUME ÉTAIT POSITIF! C'EST LE TEST QU'IL A FAIT VENDREDI SOIR, QUAND IL EST VENU TE CHERCHER.
EN REVANCHE, PAS D'ISOLEMENT POUR MOI. ILS NOUS ONT SIMPLEMENT DEMANDÉ DE NOUS CONFINER ENSEMBLE.
ON N'AURAIT JAMAIS DÛ ÊTRE TRAITÉES COMME ÇA, DE TOUTE FAÇON.
MERCI DE M'ACCUEILLIR CHEZ VOUS, LES ENFANTS. AU MOINS, JE N'AI PLUS DE JOURNALISTES DEVANT LA PORTE.
J'ESPÈRE QU'ILS VONT TROUVER UN AUTRE OS À RONGER QUE MON MARI.
CORONAVIRUS: 100 CAS EN FRAN

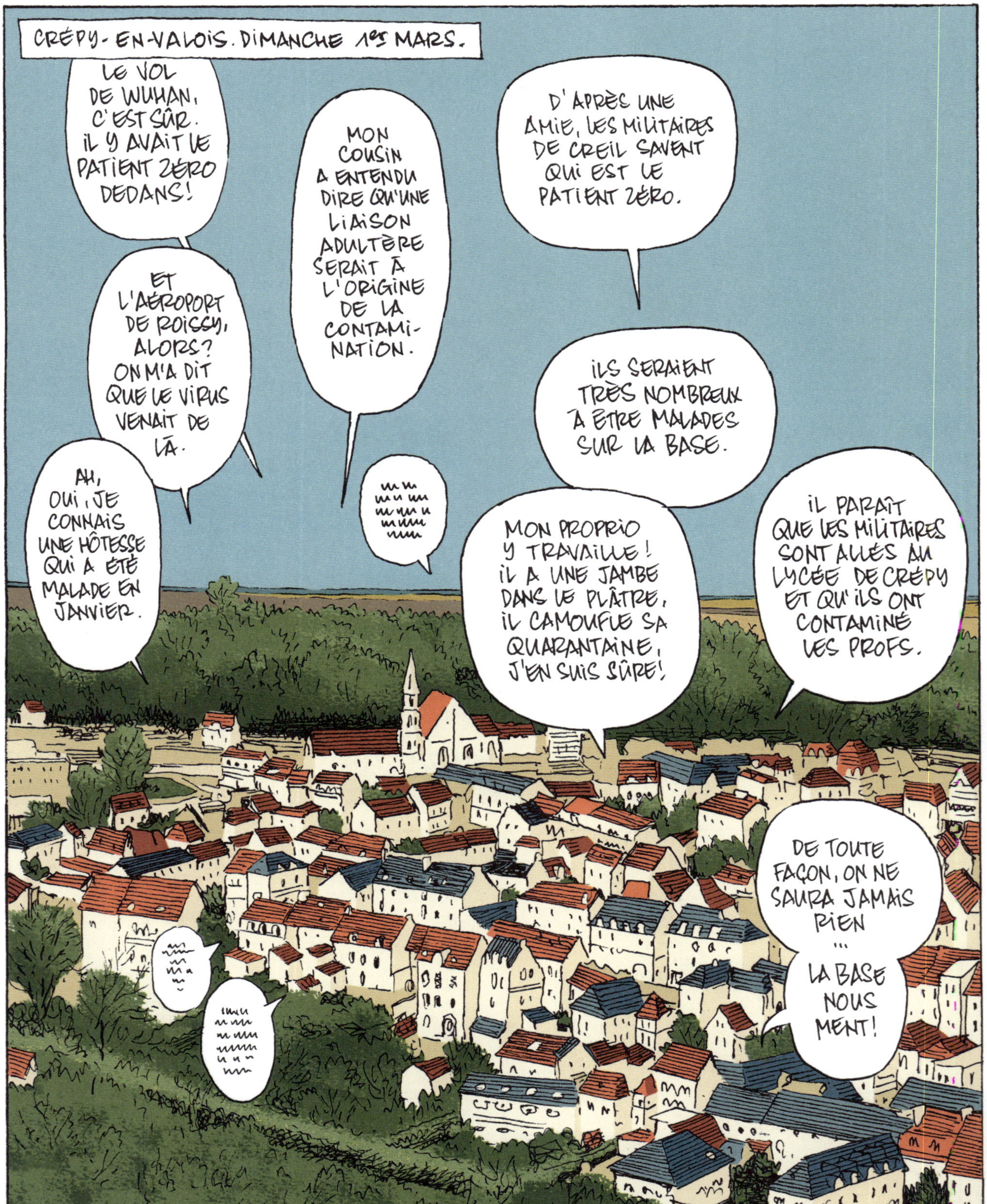
CRÉPY-EN-VALOIS. DIMANCHE 1ER MARS.
LE VOL DE WUHAN, C'EST SÛR. IL Y AVAIT LE PATIENT ZÉRO DEDANS !
MON COUSIN A ENTENDU DIRE QU'UNE LIAISON ADULTÈRE SERAIT À L'ORIGINE DE LA CONTAMINATION.
D'APRÈS UNE AMIE, LES MILITAIRES DE CREIL SAVENT QUI EST LE PATIENT ZÉRO.
ET L'AÉROPORT DE ROISSY, ALORS ? ON M'A DIT QUE LE VIRUS VENAIT DE LÀ.
ILS SERAIENT TRÈS NOMBREUX À ÊTRE MALADES SUR LA BASE.
AH, OUI, JE CONNAIS UNE HÔTESSE QUI A ÉTÉ MALADE EN JANVIER.
MON PROPRIO Y TRAVAILLE ! IL A UNE JAMBE DANS LE PLÂTRE, IL CAMOUFLE SA QUARANTAINE, J'EN SUIS SÛRE !
IL PARAÎT QUE LES MILITAIRES SONT ALLÉS AU LYCÉE DE CRÉPY ET QU'ILS ONT CONTAMINÉ LES PROFS.
DE TOUTE FAÇON, ON NE SAURA JAMAIS RIEN ... LA BASE NOUS MENT !

BASE AÉRIENNE 110, CREIL. 16 HEURES.
BASE AÉRIENNE -110-
MAIS IL Y A QUOI DANS CETTE BASE ? POURQUOI C'EST SI SECRET ?
BFM TV
TF1
C'EST LA DIRECTION DU RENSEIGNEMENT MILITAIRE. ILS TRAITENT DES MILLIERS DE DONNÉES REÇUES DU MONDE ENTIER.
C'EST HYPER-SÉCURISÉ, AVEC DES BÂTIMENTS PARTIELLEMENT ENTERRÉS. IL FAUT BADGER PARTOUT.
T'AS VU LA SÉRIE "LE BUREAU DES LÉGENDES" ? BEN VOILÀ. EN GROS, C'EST LA VERSION MILITAIRE.
EXCUSEZ-MOI ! IL Y A BEAUCOUP DE MALADES DANS LA BASE ?
VOUS AVEZ PEUR POUR VOTRE SANTÉ ?
JE NE PEUX PAS VOUS PARLER, DÉSOLÉ.

VOUS SAVEZ SI LES PERSONNELS "ESTÉREL" DE L'AVION DE WUHAN ONT ÉTÉ TESTÉS ?
VOUS PENSEZ QUE VOUS ABRITEZ LE PATIENT ZÉRO DE L'OISE ?
OUI, BONSOIR. COLONEL BRUNO CUNAT À L'APPAREIL, LE COMMANDANT DE LA BASE 110.
NON, LA BASE N'EST PAS À L'ORIGINE DE LA CONTAMINATION. LE BATAILLON "ESTÉREL" NON PLUS.
C'ÉTAIT UN ALLER-RETOUR. NOS MILITAIRES SONT RESTÉS DANS L'AVION. IL N'Y A PAS EU D'ESCALE.
À LEUR RETOUR, ONT-ILS ÉTÉ CONFINÉS À LA BASE ?
ILS N'ÉTAIENT PAS CLASSÉS À RISQUE, IL N'Y AVAIT PAS DE RAISON DE LES CONFINER.
ILS N'ONT PAS SUBI DE TESTS BIOLOGIQUES, MAIS ONT SUIVI DES CONTRÔLES RÉGULIERS DURANT LA PÉRIODE D'INCUBATION ET N'ONT, DEPUIS, DÉVELOPPÉ AUCUN SYMPTÔME.
MERCI, BONNE SOIRÉE.
Courrier picard
CORONAVIRUS
Le maire de Crépy-en-Val
Bruno Fortier, est positif
Coronavirus, «cette
cochonnerie».

SANTÉ PUBLIQUE FRANCE. LUNDI 2 MARS.
ALEXANDRA ! LES MILITAIRES SONT EN LIGNE.
J'ARRIVE.
le Parisien
Patient zéro dans l'Oise : ni tenue biologique ni confinement pour les militaires de Creil revenus de Chine
LE CAS 15, GOSSART, N'EST PAS LE PATIENT ZÉRO DE LA BASE. ON A TROUVÉ DES MALADES AVANT LUI.
ON A PLUSIEURS CAS, DONT SA VOISINE DE BUREAU.
ILS SONT DANS UN OPEN SPACE.
CAS 15
11/02
7/02
8/02
DE CREIL
AH, OUI... TOUTES LES CONDITIONS SONT RÉUNIES.
CETTE FEMME A ÉTÉ MALADE LE 5 FÉVRIER. BIEN AVANT LUI. ET VOUS SAVEZ QUOI ?
5/02
BASE DE CREIL
ON A LE LIEN AVEC LE LYCÉE JEAN MONNET !

ON A DONC UNE VOISINE DE BUREAU DE GOSSART MALADE LE 5 FÉVRIER.
11/02
16/
5/02
7/02
21/
8/02
C'EST LE PREMIER CAS RECENSÉ DE LA BASE.
PARMI LES GENS QU'ELLE A RENCONTRÉS LES JOURS PRÉCÉDENTS, IL Y A UN AMI À ELLE.
UN PROFESSEUR AU LYCÉE JEAN MONNET, À CRÉPY-EN-VALOIS, LE LYCÉE DE MADAME VAROTEAUX.
CAS 17
12/02 → 17/02
3/02
13/02
PATIENT 0 ?
3/02
11/02
LYCEE
CAS 18
11/02
16/02
5/02 → 7/02 →
21/02
8/02
ET CE PROFESSEUR AMI A ÉTÉ MALADE AVANT ELLE, LE 3 FÉVRIER.
ÇA VOUDRAIT DIRE QUE C'EST LUI QUI L'A CONTAMINÉE...
LE VIRUS EST ALLÉ DU LYCÉE À LA BASE.
OUI. ET QUE LE PATIENT ZÉRO...
...NE VIENT PAS DE LA BASE.
5/02
BASE

IL SERAIT DU LYCÉE, CE PATIENT ZÉRO ?
AU FAIT, ÇA SE PASSE BIEN, LE TRAÇAGE DES ÉLÈVES ?
ON RAME UN PEU POUR AVOIR DES INFOS. CE SONT DES ADOS...
ILS NE SONT PAS TOUJOURS TRÈS CONCENTRÉS OU TRÈS PRÉCIS.
MAIS ÇA S'ARRÊTE QUAND ?!
ÇA VA, ICI ?
ON A UN ÉNORME CLUSTER À MULHOUSE AVEC UNE ÉGLISE ÉVANGÉLIQUE. LA PORTE OUVERTE CHRÉTIENNE.
2000 PÈLERINS RÉUNIS PENDANT 5 JOURS.
EN REPARTANT !!!
... ILS ONT ESSAIMÉ PARTOUT EN FRANCE ! DEPUIS CE WEEK-END, C'EST DE LA PURE FOLIE !!

MINISTÈRE DE LA SANTÉ. BUREAU DE JÉRÔME SALOMON.
VOUS POUVEZ ME PASSER ARNAUD FONTANET, DE L'INSTITUT PASTEUR ?
SALUT, ARNAUD. DIS, COMME TU AS DÛ LE VOIR DANS LA PRESSE, ON A UN CLUSTER DANS L'OISE.
À PASTEUR, VOUS AVEZ DÉVELOPPÉ DES TESTS SÉROLOGIQUES QUI POURRAIENT COMPLÉTER LES TESTS PCR ?
OUI, BIEN SÛR.
PARFAIT. IL FAUDRAIT TESTER LE COLLÈGE ET LE LYCÉE DE CRÉPY-EN-VALOIS. C'EST POUR L'ENQUÊTE ÉPIDÉMIOLOGIQUE DE SANTÉ PUBLIQUE FRANCE.
JE TE FAIS UNE LETTRE DE MISSION.
O.K., ÇA MARCHE.
ISABELLE ? IL FAUT QU'ON AILLE DANS L'OISE. TU PEUX M'AIDER À ORGANISER ÇA EN URGENCE ?
TAXI

INSTITUT PASTEUR.
L'ARS GÈRE LES PCR. NOUS, ON FAIT LES PRÉLÈVEMENTS SANGUINS.
MARIE-LAURE, ON VA AVOIR BESOIN D'INFIRMIÈRES.
IL FAUT DÉFINIR UN QUESTIONNAIRE POUR CEUX QUI ACCEPTERONT DE SE FAIRE TESTER.
ON REMONTE JUSQU'À MI-JANVIER. ON VEUT NOTAMMENT CONNAÎTRE LES SYMPTÔMES QU'ILS ONT PU AVOIR, ET LEURS COMORBIDITÉS.
C'EST BON, ISABELLE, J'AI TROUVÉ DES VOLONTAIRES POUR ALLER SUR LE TERRAIN.
SUPER, AU BOULOT. ON A PEU DE TEMPS DEVANT NOUS.

SANTÉ PUBLIQUE FRANCE. 4 MARS.
FLORENCE PARLY, L'ESCADRON "ESTÉREL" EST-IL LE RESPONSABLE DU DÉBUT DE LA CONTAMINATION ?
T'AS VU ?
ABSOLUMENT PAS, ET LES FAITS ONT ÉTÉ ÉTABLIS. ILS ONT ÉTÉ TESTÉS, ILS N'ÉTAIENT PAS PORTEURS DU VIRUS.
Coronavirus :
Qui est le patient zéro ?
4V
FLORENCE PARLY. MINISTRE DES ARMÉE
AU LYCÉE, ON A DES MALADES DÈS LE 3 FÉVRIER. LE VIRUS ÉTAIT LÀ AVANT QUE L'AVION N'ATTERRISSE, NON ?
ET ROISSY ? IL Y A DES CENTAINES D'HABITANTS DE CRÉPY QUI TRAVAILLENT SUR L'AÉROPORT.
C'EST VRAI, MAIS ON A DÉJÀ BEAUCOUP ENQUÊTÉ, ET POUR L'INSTANT...
... ON N'A AUCUNE PROFESSION LIÉE À L'AVIATION CIVILE OU À ROISSY DANS NOS MALADES.
EXTÉRIEUR BASE-LYCÉE
11/02
22/02
28/02
16/02
25/02
27/02
17/02
27/02
28/02
BASE / LYCÉE
ROISSY-CDG

ON EN SAURA PEUT-ÊTRE PLUS APRÈS LES TESTS DE PASTEUR, NON ?
JE VIENS DE LES AVOIR, ILS SONT EN ROUTE POUR CRÉPY.
OUI, ILS FONT LES PRÉLÈVEMENTS À JEAN MONNET. ÇA VA BIEN NOUS AIDER.
IL Y A QUAND MÊME BEAUCOUP DE MALADES AU LYCÉE.
3/02
13/02
16/02
T0?
16/02
3/02
11/02
17/02
LYCEE
DES PROFESSEURS ET DES ÉLÈVES.
OUI, C'EST UN SACRÉ CLUSTER. ET ON NE SAIT PAS CE QUE PASTEUR VA Y TROUVER.

C'EST ISABELLE. VOUS ÊTES AU PREMIER ÉTAGE ? O.K.
C'EST LE TEST AVEC LE BÂTONNET DANS LE NEZ ?
ÇA FAIT TARD, NON ? 20 JOURS APRÈS LE DÉBUT DE L'ÉPIDÉMIE.
LYCÉE JEAN MONNET
KOF KOF
BONJOUR, JE VIENS ME FAIRE TESTER.
APRÈS, VOUS POUVEZ MONTER FAIRE UNE PRISE DE SANG POUR SAVOIR SI VOUS L'AVEZ DÉJÀ EU. C'EST POUR L'INSTITUT PASTEUR.
AÏE !
ET MES COPAINS PEUVENT L'ATTRAPER AUSSI ?
OUI, C'EST POSSIBLE.
ON A ÉTÉ TRÈS CHOQUÉS PAR LA MORT DE MONSIEUR VAROTEAUX
ET ON SAIT COMMENT SE PASSE LA CONTAMINATION ?
AH, UN TRUC ÉTRANGE : RÉCEMMENT, J'AI PERDU LE GOÛT ET L'ODORAT.
ON PEUT SE TRANSMETTRE LE VIRUS EN FAISANT L'AMOUR ?

OUI, ON A DÉJÀ BEAUCOUP D'ÉCHANTILLONS.
ET VOUS TROUVEREZ LE PATIENT ZÉRO ?
UN COURSIER ARRIVE, MAIS IL FAUDRA FAIRE UN AUTRE ALLER-RETOUR CE SOIR.
TENEZ, IL Y A PLUS D'UNE CENTAINE DE PCR.
VOUS CROYEZ QUE ÇA VIENT DE LA BASE, VOUS ?
EN TOUT CAS, DES MILITAIRES SONT VENUS DANS LA CLASSE DE MON FILS, EN FÉVRIER.
ET VOILÀ LA COLLECTE DU MATIN. POUR L'INSTITUT PASTEUR, DONC.
O.K., MERCI.
URGENT SANG
RROOOOARR

SANTÉ PUBLIQUE FRANCE.
LE 13 ET LE 27/02. O.K., JE RAJOUTE.
IL Y A DES TROUS DANS LES CHAÎNES. ON A DES GÉNÉRATIONS DE GENS QUI SE CONNAISSENT...
...MAIS IL NOUS MANQUE DES MALADES ENTRE EUX. DES PERSONNES DE LEUR ENTOURAGE.
3/02
13/02
16/02
?
16/02
?
?
27/02
3/02
11/02
17/02
LYCÉE
HELLO ! ON A LES PREMIERS RETOURS DE PASTEUR. IL Y A D'AUTRES CAS AU LYCÉE.
ET LES CHAÎNES SECONDAIRES SE MULTIPLIENT.
11/02
ÎLE-DE-FRANCE
IDF
IDF
IDF
HAUTS-DE-FRANC
HDF
HDF
HDF
HDF
HDF
J'AI EU LA BASE. UN DE LEURS CAS A CONTAMINÉ TROIS PERSONNES DANS LE GRAND EST.
ÇA DÉBORDE DE L'OISE.
OUI, MAIS D'OÙ ÇA VIENT ?

J'AI ESSAYÉ DE RECHERCHER DES MALADES QUI SERAIENT ARRIVÉS DE SINGAPOUR OU DE CHINE EN PASSANT PAR ROISSY. TOUJOURS RIEN.
BRR
POURTANT, CRÉPY-EN-VALOIS, C'EST LE DORTOIR DE ROISSY !
ALLÔ ?
AU FAIT, T'AS VU LA VIDÉO DE DIDIER RAOULT ?
AVEC 500 MG DE CHLOROQUINE PAR JOUR PENDANT 10 JOURS, IL Y A UNE AMÉLIORATION SPECTACULAIRE.
C'EST PROBABLEMENT L'INFECTION RESPIRATOIRE LA PLUS FACILE À TRAITER DE TOUTES ! ET LA MOINS CHÈRE.
ET ÇA CARTONNE, EN PLUS !
BIEN SÛR ! PFFF ...

ELYSÉE, 5 MARS. RÉUNION DES ACTEURS DE LA RECHERCHE DANS LA LUTTE CONTRE LE COVID-19.
J'AIMERAIS QUE NOUS PARTAGIONS ENSEMBLE SUR LE CORONAVIRUS.
ON VOIT COMMENT ÇA SE PASSE EN ITALIE ET DANS L'OISE. C'EST TRÈS TENDU.
OUI, MONSIEUR FONTANET ?
SI ON REGARDE LES MODÈLES MATHÉMATIQUES... ON POURRAIT CONNAÎTRE UNE SITUATION CRITIQUE RAPIDEMENT.
HMM.
PARDON, MAIS MOI, JE NE CROIS PAS AUX MODÈLES MATHÉMATIQUES.
JE NE FAIS PAS D'ASTROLOGIE.

ON PEUT FAIRE UNE PHOTO, MONSIEUR LE PRÉSIDENT ?
OUI, BIEN SÛR.
ATTENTION !!!
T'AS VU CETTE ATTAQUE AU SÉNAT, HIER ?
LA DÉSORGANISATION EST LÀ ! QUOI QU'EN DISE LE GOUVERNEMENT, IL Y AVAIT IMPRÉPARATION !!!
ON LE VIT CHAQUE JOUR DANS L'OISE OÙ L'ON IMPROVISE.
OUI. ÇA DOIT ÊTRE COMPLIQUÉ, LÀ-BAS.
Jérôme Bascher Sénateur
ET T'AS DES NOUVELLES DU CIVIL DE LA BASE, GOSSART ?
OUI. IL EST TOUJOURS SOUS RESPIRATEUR ARTIFICIEL. SA FEMME ET SES ENFANTS SONT CONFINÉS, MAIS ÇA VA.
RÉDAC CHEF
105 cas confirmés dans l'Oise ce soir ! 1/4 des cas du pays !

SAMEDI 7 MARS.
EUROPE 1, IL EST 8 HEURES. LE PREMIER MINISTRE FERME TEMPORAIREMENT TOUS LES ÉTABLISSEMENTS SCOLAIRES DE L'OISE ET DU HAUT-RHIN...
... OÙ "LE CORONAVIRUS CIRCULE AVEC BEAUCOUP D'INTENSITÉ".
bfmtv.com
EMMANUEL ET BRIGITTE MACRON AU THÉÂTRE POUR INCITER LES FRANÇAIS À SORTIR MALGRÉ LE CORONAVIRUS
SALUT ! ON A LES RÉSULTATS DE PASTEUR. IL Y A ENCORE DES CAS AU LYCÉE...
... ET ÇA PRÉCISE LE TABLEAU.
AH, OUI. ON A VRAIMENT DES MALADES SUR TOUT LE MOIS DE FÉVRIER, MAINTENANT.
16/02
3/02
13/02
16/02
16/02
3/02
11/02
17/02
29/02
4/03
1/02
18/02
1/3
LYCEE

ET C'EST LA MÊME CHOSE POUR LA BASE AÉRIENNE.
ON A REÇU LEURS CONCLUSIONS. AU TOTAL, ILS ONT RECENSÉ 16 CAS SUR TROIS SEMAINES.
11/02
5/02 → 7/02 →
7/02
8/02
16/02
17/02
14/02
21/02 →
21/02
22/02 →
23/02
26/02
BASE DE CREIL 16 CAS
LES MILITAIRES N'ONT PAS TROUVÉ DE MALADES AVANT LE 5 FÉVRIER.
POUR LE PATIENT ZÉRO, TOUT NOUS RAMÈNE DU CÔTÉ DES DEUX DERNIÈRES SEMAINES DE JANVIER.
ON A FAIT DES RECHERCHES SUR LES TOURISTES CHINOIS QUI VIENNENT EN FRANCE À CETTE PÉRIODE.
T'AS DÉJÀ ENTENDU PARLER D'UN TOUR : " L'EUROPE EN UNE SEMAINE " ?

C'EST UN CIRCUIT TOURISTIQUE CHINOIS HALLUCINANT. UN VOYAGE EN BUS D'UNE SEMAINE À TRAVERS L'ITALIE, L'AUTRICHE ET LA FRANCE.
ILS FONT D'ABORD PÉKIN-ROME EN AVION.
APRÈS ROME, ILS VISITENT FLORENCE PUIS VENISE.
ILS PASSENT ENSUITE PAR HALLSTATT, EN AUTRICHE.
LE VILLAGE QUI AURAIT INSPIRÉ LE FILM "LA REINE DES NEIGES".
MULHOUSE
TOUT ÇA POUR ARRIVER EN FRANCE PAR L'ALSACE.
ET TU SAIS QUOI ? LES TOUR-OPÉRATEURS CHINOIS PASSENT TOUS PAR MULHOUSE. LA CONTAGION LÀ-BAS N'EST PAS SI ÉTONNANTE.

C'EST DINGUE, CETTE HISTOIRE.
ET ON PARLE DE DIZAINES DE BUS CHAQUE JOUR, AVEC DES GROUPES DE 40 À 80 PERSONNES !
ÇA FAIT UNE PORTE D'ENTRÉE ÉNORME POUR LE VIRUS.
EXACT. SURTOUT QU'APRÈS L'ALSACE, ILS VIENNENT PASSER DEUX JOURS À PARIS...
...OÙ ILS FONT TOUS LE MÊME CIRCUIT : PRINTEMPS, LES GALERIES LAFAYETTE, LE BON MARCHÉ ET LE MUSÉE DU LOUVRE. DES MILLIERS DE TOURISTES. S'IL Y AVAIT DES MALADES PARMI EUX...
DIOR
PRINTEMPS
...ILS ONT PU CONTAMINER UN GARDIEN DE MUSÉE OU UNE VENDEUSE D'UN GRAND MAGASIN QUI HABITE DANS L'OISE. ON A DES CAS SUSPECTS EN JANVIER.
UNE PISTE DE PLUS POUR LE PATIENT ZÉRO. ET TOI, T'AS AVANCÉ SUR LE LYCÉE ?

ÉLYSÉE, 12 MARS.
QUOI ?! UN CAS MI-JANVIER À CRÉPY ?
IL POURRAIT Y AVOIR UN MALADE LA DEUXIÈME SEMAINE DE JANVIER, DANS L'ENVIRONNEMENT DU LYCÉE.
C'EST TÔT, ÇA. CE SERAIT LE PATIENT ZÉRO ?
ILS VONT D'ABORD VÉRIFIER L'INFO. ON N'EN SAIT ENCORE RIEN.
CONSEIL SCIENTIFIQUE
ALLEZ, ON NE BOUGE PLUS POUR LA PHOTO.
DIDIER RAOULT NE VIENT PAS, AUJOURD'HUI ?
APPAREMMENT, UNE SEULE RÉUNION LUI A SUFFI.
MONSIEUR LE PRÉSIDENT DE LA RÉPUBLIQUE.

QUELLES SONT VOS PROJECTIONS SUR L'ÉPIDÉMIE ?
SIMON CAUCHEMEZ, DE PASTEUR. LE VIRUS A UN TEMPS DE DOUBLEMENT DE TROIS JOURS. AVEC CETTE TRANSMISSIBILITÉ, SI ON SE PROJETTE...
...DANS UNE VINGTAINE DE JOURS, IL Y AURA DES INFECTIONS PARTOUT. SI ON NE FAIT RIEN, À TERME, CE SERA 50 % DE LA POPULATION MINIMUM TOUCHÉE.
AVEC LE TAUX DE MORTALITÉ ACTUEL, AUTOUR DE 0,5 - 1 %, ÇA SIGNIFIE ENTRE 300 ET 500 000 MORTS.
500 000 MORTS ? TANT QUE ÇA ?!
MÊME DANS L'HYPOTHÈSE LA PLUS FAVORABLE, LES RÉANIMATIONS SERONT TOTALEMENT SATURÉES. C'EST TRÈS GRAVE.
ET DIMANCHE, IL Y A LE PREMIER TOUR DES ÉLECTIONS MUNICIPALES.
BON. JE VOUS LAISSE TRAVAILLER.

IL A BIEN DEMANDÉ DANS QUELLES CONDITIONS ORGANISER LES MUNICIPALES, HEIN ?
IL VEUT UN AVIS. NOUS NE PRENONS PAS LA DÉCISION.
ON CHOISIT QUELLE FORMULE ?
SI LES ÉLECTIONS SE TENAIENT...
... ELLES DEVRAIENT ÊTRE...
"... ORGANISÉES DANS DES CONDITIONS SANITAIRES APPROPRIÉES."
SI ON GARANTIT UN CADRE, ILS DISENT QU'IL N'Y A PAS PLUS DE RISQUES QUE LORSQU'ON VA FAIRE SES COURSES.
J'HÉSITE...
IL FAUT FREINER L'ÉPIDÉMIE. DÈS LUNDI, LES CRÈCHES, ÉCOLES, COLLÈGES, LYCÉES ET UNIVERSITÉS SERONT FERMÉS.
2
20H
J'AI INTERROGÉ LES SCIENTIFIQUES SUR NOS ÉLECTIONS MUNICIPALES. ILS CONSIDÈRENT QUE RIEN NE S'OPPOSE À CE QUE LES FRANÇAIS SE RENDENT AUX URNES.

3 JOURS PLUS TARD, PARTOUT EN FRANCE.
T'AS VU LE PREMIER MINISTRE, HIER? IL A IMPOSÉ LA FERMETURE DE TOUS LES RESTAURANTS ET LES BARS DU PAYS.
DÉJÀ QUE MACRON AVAIT FERMÉ LES ÉCOLES...
BUREAU DE VOTE
Allez l'OM
IAM
J'AI UN PEU PEUR, QUAND MÊME.
QU'ON MEURE DE ÇA OU D'AUTRE CHOSE...
UN PETIT PEU DE GEL HYDROALCOOLIQUE?
Vive le Poitou
AH, MINCE! J'AI OUBLIÉ MON STYLO.
JUSTE UN INSTANT... JE DÉSINFECTE D'ABORD.
Montpellier Métropole
SIGNEZ ICI, S'IL VOUS PLAÎT.
Ouest France
PFF... Y A VRAIMENT PERSONNE, CE MATIN.
CRÉPY PLAGE
QUELLE SALOPERIE, CE VIRUS.

LUNDI 16 MARS.
JÉRÔME SALOMON, 5423 CAS CE MATIN ET 127 MORTS... QUE DIT CE BILAN DE LA DYNAMIQUE DE L'ÉPIDÉMIE ?
LE NOMBRE DE MALADES FLAMBE DANS L'OISE...
... ON A QUASI 300 CAS CONFIRMÉS.
ET DÉJÀ PRÈS DE 40 MORTS.
J'AI PEUR QU'ON NE REMONTE JAMAIS JUSQU'AU PATIENT ZÉRO.
OUI. ON N'A PLUS LE TEMPS DE CHERCHER EN AMONT, ET ON N'APPRENDRA PLUS RIEN QUI NOUS PERMETTE DE CONTRÔLER L'ÉPIDÉMIE.
POPULATION DE L'OISE
COLLÈGE
REGARDE, JE N'AI PLUS DE PLACE SUR MON TABLEAU.
TU VAS METTRE QUOI DANS LE RAPPORT D'ENQUÊTE ?
QU'ON PEUT DÉCONSTRUIRE DES RUMEURS. COMME CELLE DU VOL DE WUHAN DU 31 JANVIER...
LE CAS DU 1er FÉVRIER LE MET HORS DE CAUSE. D'AILLEURS, IL N'AVAIT AUCUN CONTACT AVEC LA BASE.
1/02

ET QUE POUR LE PATIENT ZÉRO, ON A DES CAS SUSPECTS MI-JANVIER.
OUI, J'AI UN CAS À VÉRIFIER PROCHE DU LYCÉE.
MOI, J'AI DEUX MALADES POTENTIELS À ROISSY. JE LES APPELLE?
NON. ON S'ARRÊTE LÀ. ET PUIS SI ON AVAIT UN NOM, IL SERAIT VITE DÉSIGNÉ COMME...
...LE COUPABLE DE L'ÉPIDÉMIE.
FRANÇAISES, FRANÇAIS...
MACRON PARLE.
...DÈS DEMAIN MIDI, ET POUR 15 JOURS AU MOINS, NOS DÉPLACEMENTS SERONT TRÈS FORTEMENT RÉDUITS.
LES REGROUPEMENTS EXTÉRIEURS, LES RÉUNIONS FAMILIALES OU AMICALES NE SERONT PLUS PERMIS. SE PROMENER, RETROUVER SES AMIS DANS LE PARC, DANS LA RUE, NE SERA PLUS POSSIBLE.

MARDI 17 MARS.
CRÉPY-EN-VALOIS.
DONG
DONG
MADAME VAROTEAUX, À CAUSE DU CONFINEMENT, VOUS NE POUVEZ PAS NOUS ACCOMPAGNER. JE SUIS DÉSOLÉ.
DONG
DONG
DONG

ÉPILOGUE

- DÉCEMBRE 2020 -

À SANTÉ PUBLIQUE FRANCE, ON EN SAIT PLUS AUJOURD'HUI SUR LES CHAÎNES DE TRANSMISSION DU VIRUS.

CONTRAIREMENT AU SUPER-CLUSTER DE MULHOUSE, DOPÉ PAR UN FOYER UNIQUE DE CONTAMINATION, QUI A ESSAIMÉ PARTOUT EN FRANCE...

... LES CHAÎNES DE L'OISE FORMENT UN ENSEMBLE TENTACULAIRE DE LIENS INTRACOMMUNAUTAIRES.

L'INTENSITÉ DE CES RELATIONS ENTRE LES HABITANTS A COMPLIQUÉ L'ENQUÊTE SUR LE PATIENT ZÉRO.

MAIS CE QUI EN A BOULEVERSÉ LES RÉSULTATS, C'EST LA DÉCOUVERTE DE L'IMPORTANCE DES CAS ASYMPTOMATIQUES DANS LA TRANSMISSION DE L'ÉPIDÉMIE.

EN FÉVRIER ET MARS, FAUTE DE CONNAISSANCES ET DE TESTS SUFFISANTS, LES ÉPIDÉMIOLOGISTES DE SPF NE CHERCHAIENT QUE DES MALADES.

LES PISTES SUIVIES À L'ÉPOQUE, TOUTES RELIÉES À LA CHINE, LES RAMENAIENT ALORS À LA SEMAINE DU 13 JANVIER DANS L'ENVIRONNEMENT DE L'AÉROPORT ET DU LYCÉE...

...OU VERS DES HABITANTS DE L'OISE POTENTIELLEMENT CONTAMINÉS PAR DES TOURISTES CHINOIS.

CES MÉDECINS SOULIGNENT AUJOURD'HUI QUE LEUR ENQUÊTE NE PREND PAS EN COMPTE LES ASYMPTOMATIQUES. UN MANQUE QUI LA REND CADUQUE, MAIS EN PARTIE SEULEMENT. CAR LEUR TRAVAIL A PERMIS D'ÉLIMINER CERTAINES HYPOTHÈSES SUR LE PATIENT ZÉRO.

Rapport provisoire au 15/04/2020. diffusion restreinte

Investigations du cluster de cas d'infections à SARS-COV-2 (COVID-19), OISE 1er trimestre 2020

LA MINISTRE DES ARMÉES, FLORENCE PARLY, A FINALEMENT RECONNU QUE LES MILITAIRES DU VOL DE WUHAN N'AVAIENT JAMAIS ÉTÉ TESTÉS.

DE TOUTE FAÇON, LE VIRUS SEMBLAIT SÉVIR AU LYCÉE JEAN MONNET AVANT QU'IL N'INFECTE LA BASE AÉRIENNE...

... ET AVANT MÊME LA PRÉSENCE À JEAN MONNET, LE 5 FÉVRIER, DE 8 MATELOTS DU BCR "SOMME" VENUS PROMOUVOIR LA MARINE NATIONALE ET HÉBERGÉS UNE NUIT À CREIL.

AUTRE PISTE TRÈS PRISÉE DES MÉDIAS : LES JEUX MONDIAUX MILITAIRES, ORGANISÉS DU 18 AU 27 OCTOBRE 2019 À WUHAN. DES SPORTIFS EN ÉTAIENT RENTRÉS MALADES.

RIEN NE L'ÉTAYE À CE JOUR. SI LE PATIENT ZÉRO ÉTAIT L'UN D'EUX, LE VIRUS, TRÈS CONTAGIEUX, AURAIT SANS DOUTE FRAPPÉ BIEN AVANT FÉVRIER.

ENFIN, LE CAS DE CE "PATIENT ZÉRO" HOSPITALISÉ LE 27 DÉCEMBRE À BONDY ET "RETROUVÉ" EN AVRIL À LA FAVEUR D'UN NOUVEAU TEST SUR SES ÉCHANTILLONS DÉCONGELÉS.

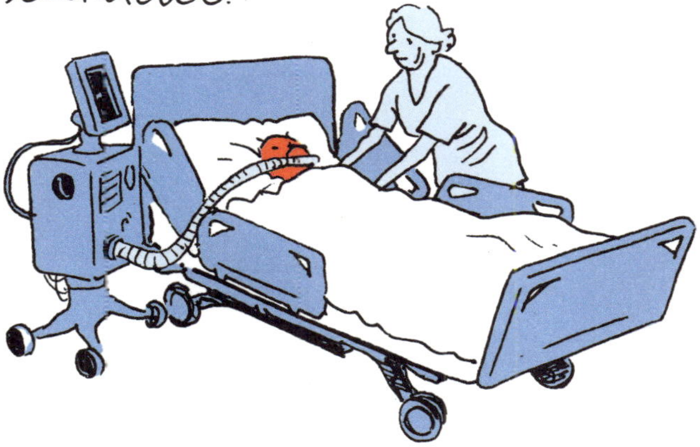

PUBLIÉE DANS UNE REVUE CONFIDENTIELLE, L'ÉTUDE DE CE CAS N'A PAS EU DE SUITE À CE JOUR. ELLE N'ÉTABLISSAIT QU'UNE TRÈS FAIBLE TRACE DE VIRUS DANS L'ÉCHANTILLON.

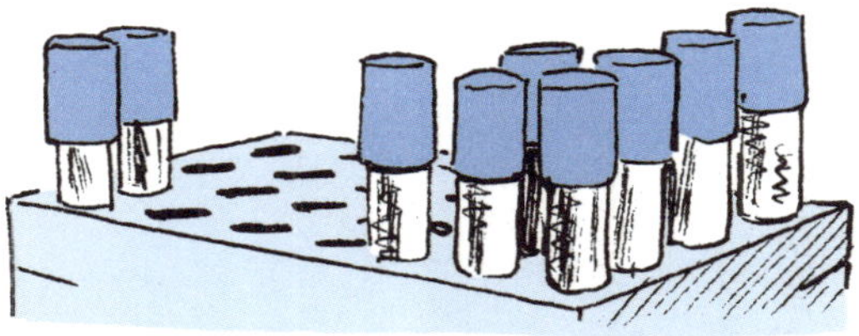

CE MALADE N'EST EN TOUT CAS PAS LE PATIENT ZÉRO DE L'ÉPIDÉMIE EN FRANCE : AUCUN FOYER ÉPIDÉMIQUE NE PEUT LUI ÊTRE IMPUTÉ.

PLUS SÛREMENT, IL Y A EU EN FRANCE PLUSIEURS INTRODUCTIONS DU VIRUS, NOTAMMENT PAR DES CAS ASYMPTOMATIQUES. DANS UN CONTEXTE DE CONTAMINATION FAVORABLE, L'UN D'EUX A PROVOQUÉ LE CLUSTER DE L'OISE.

TOUCHÉ DÈS LE DÉBUT FÉVRIER, JEAN-PIERRE GOSSART A PASSÉ UN MOIS DANS LE COMA. RENTRÉ CHEZ LUI, IL N'A PAS ENCORE TOTALEMENT RÉCUPÉRÉ.

CHRISTINE ET CÉLINE VAROTEAUX, TESTÉES PLUSIEURS FOIS PENDANT LEUR SÉJOUR À LA PITIÉ-SALPÊTRIÈRE, N'ONT JAMAIS REÇU LEURS RÉSULTATS D'EXAMENS.

UN TEST AU PRINTEMPS A RÉVÉLÉ À CÉLINE QU'ELLE AVAIT EU LE VIRUS. QUANT À CHRISTINE, ELLE A PARTICIPÉ À UNE ÉTUDE MENÉE EN AVRIL PAR PASTEUR...

... SUR 661 VOLONTAIRES DU LYCÉE JEAN MONNET. ELLE A ALORS APPRIS QU'ELLE AUSSI AVAIT ÉTÉ INFECTÉE, TOUT COMME 170 AUTRES PARTICIPANTS.

À L'ORIGINE DE CETTE ÉPIDÉMIE, QUI A FORTEMENT MARQUÉ L'OISE, IL Y A BIEN UN PATIENT ZÉRO. MAIS COMME NOUS A DIT L'UNE DES CHERCHEUSES QUI A MENÉ L'ENQUÊTE: TU TE VOIS FRAPPER À LA PORTE DU PATIENT ZÉRO POTENTIEL ET LUI DIRE: "SALUT. TU SAIS, L'OISE, C'EST TA FAUTE." ?